Caracas muerde

1.ª edición: abril de 2012
1.ª reimpresión: agosto de 2012
2.ª reimpresión: marzo de 2013
3.ª reimpresión: octubre de 2014

.CER

EDICIONES PUNTOCERO
Caracas | Montevideo | Buenos Aires | Bogotá | Santiago de Chile
e–mail: contacto@edicionespuntocero.com
www.edicionespuntocero.com

ISBN: 978-980-7312-15-8
Depósito legal: lf6642012800980

Diseño de colección y diagramación
Ediciones Puntocero

Fotografía de portada
Eduardo Sánchez

Corrección
Margarita Arias Soler

Impresión
Editorial Melvin

Printed in Venezuela

Caracas muerde

Crónicas de una guerra no declarada

HÉCTOR TORRES

.CERO PUNTOCERO
NO FICCIÓN

Contenido

Let me introduce you to Caracas, embassy of hell, land of murderers and shattas
Undred people die every week, we nuh live in war, country is full of freaks
We have more death than Pakistan, Libano, Kosovo, Vietnam and Afganistan...

Rotten Town
ONECHOT

E a cidade, que tem braços abertos num cartão postal,
Com os punhos fechados na vida real
E nega oportunidades, mostra a face dura do mal.

Alagados
PARALAMAS DO SUCESSO

A Rosa Carrillo, que ignoraba las obsesiones con las
que alimentaba a aquel niño melancólico cuando le leía
cuentos de Wilde antes de dormir.

Un especial agradecimiento a Orlando Verde, que me iluminó sobre el título que debía llevar el volumen.

También a Oscar Marcano y a Ángel Alayón, cuyas precisiones me ayudaron a alcanzar el registro adecuado para estos textos.

Y, por supuesto, a mi primera lectora, quien nunca deja pasar sus honestas observaciones sobre posibles desaciertos: Lennis.

Un malandro caraqueño

A Daniel Pratt y a Vicente Ulive

But I'm tryin', Ringo. I'm tryin' real hard to be the shepherd
JULES WINNFIELD

LA ANÉCDOTA DE SEGURO ES APÓCRIFA. Pero la realidad es maravillosa por beber del lago de lo posible. Según eso, en el guión original de la película *Dominó* (Tony Scott, 2005), el personaje Choco era un criminal mexicano. El actor venezolano Édgar Ramírez, al hacer el *casting*, propuso al director que lo cambiase por un malandro caraqueño. A cada negativa del director le seguía una insistencia del actor. Ese pulso duró hasta que el primero, solo para despachar el asunto, aceptó hacer una prueba.

Ramírez se metió en su personaje y salió a escena con una escopeta en una mano, bailando una música invisible mientras caminaba hacia un rehén imaginario amarrado en el piso y, luego de patearlo con desdén, le dijo:

—¡Párate, mamagüevo!

El modo de andar, de empuñar el arma, la cruel patada… pero, sobre todo, la música de esas palabras que no entendía, debieron producir una certeza en la mente de Scott: para que Choco exprese la necesaria violencia y la desdeñosa maldad que exigía el personaje, debía ser eso que estaba viendo.

Es decir, un malandro caraqueño.

Caracas carece de una disposición que la haga comprensible. La única lógica a la que atiende es la de las leyendas urbanas, intuiciones y prejuicios de sus habitantes. Ocupando un mismo valle, viven en ciudades superpuestas que no se comunican entre sí.

Eduardo es habitante de una de «esas» Caracas. Lejos del pistolero de *Dominó* y de los velorios en el barrio (las funerarias no aceptan *tiroteados*), vive en su Caracas Plaza Las Américas y Galerías Los Naranjos. Una Caracas al sureste del Guaire, de colinas urbanizadas en las que es menester tener carro para trasladarse, atrincherada tras sus rejas, casetas de vigilancia, circuitos cerrados de televisión y un profundo recelo respecto a lo desconocido. Una Caracas que vive su ilusión de normalidad al interior de sus confortables guetos.

Pero él aprendió a extender los límites de su Caracas, aplicando la ecuación de «a menores prejuicios mayores libertades». Gracias a eso compra la aguja para su viejo tocadiscos en Tele Cuba, en Catia. Y se toma unas cervezas en La Candelaria. Y se adentra con confianza en los predios de la Baralt.

Tiene una ciudad más grande que la de muchos de sus vecinos.

Pero aún así se le fue haciendo asfixiante. Un día cayó en cuenta de eso y de la magnitud del mapa del exilio entre sus afectos. Por ello, y por no tener nada que cuidar en su Caracas atrincherada, trazó un itinerario para reencontrarse con la parte de su mundo que renunció a un país que desayuna, almuerza y cena con dos temas invariables: los delirios de un pequeño emperador y la violencia circundante.

Uno de sus primeros destinos fue Barbés, un barrio al norte de París que podría parecerse a Catia, si Catia fuese limpia y no flotase sobre un colchón de pólvora. Sus anfitriones le alertaron acerca de la zona y sus habitantes, sobre la dificultad para comprender el *verlan* (el francés malandro) y le sugirieron, por último, que ajustara su comprensión del peligro a ese paisaje.

Esto último se lo repitieron a diario durante esa primera semana, cada vez que lo veían llegar de sus largas caminatas en la noche.

—Sigue menospreciando el peligro y un día te vas a ganar una cuchillada —le advirtieron.

Una noche caminaba por el andén de la línea 2 cuando vio a dos muchachos que venían hacia él con fingida distracción. Tenían fenotipos árabes y unos veinte años. El aspecto de Eduardo, que pasa desapercibido en las calles de Caurimare, encajaba en el tipo de los *conejos* que aquellos *trabajaban* rutinariamente. Pero él, sobreviviente de una ciudad en guerra, les adivinó la intención desde que uno de ellos lo vio y pensó en someter su elección a la opinión del otro.

El modus operandi es universal. Caminaban con agilidad, haciendo ruido en dirección a él. Lo hacían ocupando tal espacio de su trayectoria que resultara imposible evadirlos. Avanzaban, se gritaban en su idioma, se golpeaban y lo observaban de cuando en cuando. Eduardo sopesó las probabilidades de salir bien librado de la trampa. Un paso mal calculado de uno de ellos le abrió esa mínima posibilidad en forma de un boquete a través del cual logró pasar «por un lado» y no «entre» ellos. Al darse cuenta del error y de la velocidad del conejo, activaron el plan de contingencia. En medio de su parodia de juego, el de la esquina empujó al otro hacia Eduardo, que sacó el codo y esperó al costillar que venía hacia él. La repentina víctima, entre sorprendida e indignada, comenzó a gritarle en una incomprensible variante de francés, como última opción para arrinconarlo.

La cultura es lo que se olvida, según dicen. Será por eso que el lector de Carver y de Bukowski ya leyó a Poe y a Chejov, pero no lo recuerda. Y el «lector» de *Pulp fiction* ya «leyó» a Carver y a Bukowski sin haberse enterado.

Y por esos tercos hilos del miedo y la violencia, Eduardo, que es de esa Caracas de una apacible urbanización al sur del río, también es hijo de esa ciudad de cincuenta cadáveres apilados en la morgue de Bello Monte cada fin de semana. Y medio hermano de asesinos como Los Capri, que filmaban con los celulares sus ejecuciones para subirlas a la red. Y heredero de este fratricidio cotidiano en el que unas veces se hace de Caín y otras de Abel, bajo un semáforo, dentro del banco, en la cola del estacionamiento. Caín y Abel, o testigo indolente del cadáver que recogieron a las 24 horas de haber sido asesinado. Y autor de las sádicas escenas en las que mataba mentalmente a su jefe, a su vecino, al motorizado que vio robando a una chica en la autopista, al que toca corneta para avisar que llegó. Testigo, ejecutor y cómplice (aunque sea por omisión) de toda esa violencia. Hasta de la pequeña fechoría de comerse una luz.

Un ADN salvaje que quiere civilizarse.

Será entonces por todo eso que, acosado en el metro de París por dos dueños de aquellas calles, sin brújula ni mapa de las rutas de escape, viendo asomarse del abrigo la mano con el cuchillo del que le habían advertido que saldría en cualquier momento, gritó con ese acento que no es caribeño ni andino mientras, como si lo hubiese ensayado, estiraba un brazo con el que les apuntó con una pistola imaginaria, poseído por aquella ciudad que nunca estará tan lejos como para no seguir mordiendo:

–¿Qué pasó de qué, mamagüevo? ¡Ponte pilas!

Es liberador decir palabrotas a todo pulmón, sin la condena del pudor, en un andén lleno de gente que percibe la intención, pero no el significado. Y descubrir que ser caraqueño es ser caribeño. Y ser caribeño es, de alguna remota manera, ser africano. Y que esos fonemas de sílabas secas pero envueltas en una entonación ancestral que canta y amenaza y sobrevive y se aterra, esos que hechizaron a Scott, disuadieron a dos rateritos del metro de París de confundir a un perro (casero, pero curtido en las calles más duras del orbe) con un distraído conejo.

–¿Tú eres loco? Esos bichos son malos, Eduardo. No tienes ni idea –dijo uno de sus anfitriones cuando les contó la anécdota.

–Loco no, caraqueño. ¿Con qué cara cuento allá que me atracaron en París? –respondió.

Presentimientos

Y también me dijo,
no te mortifiques que yo le envío
mis avispas pa' que lo piquen
JUAN LUIS GUERRA

NADIE SABE CÓMO FUE A PARAR ALLÁ. Una madrugada Herminia y sus hijas despertaron con sus ladridos y, al asomarse al balcón, lo vieron. Había quedado atrapado del otro lado de los rieles, en las vías superficiales del Metro, a unas dos cuadras de la estación. Desde donde se encontraba, podía ver los eventuales carros y los viandantes al otro lado de la cerca metálica, pero el instinto le decía que no intentara cruzar el campo minado de los rieles. Caminaba de un lado al otro y ladraba por tandas, cada vez que el hambre, la sed o el miedo le enterraban un poco más el cuchillo de su desconsuelo.

Cinco días después, cada vez más débil y desorientado, seguía en sus periódicas rutinas de ladrar y caminar de un lado al otro, moviendo ansioso la cola, sin que autoridad alguna atendiera los llamados de Herminia que, madre al fin, suplicaba por su rescate.

—Estamos resolviendo —le respondían en *automatic mode*.

El perrito se moría poco a poco, frente a los miles de carros y personas que, a toda hora, formaban parte de ese río indiferente que en última instancia le regalaba al paso una breve mirada de curiosidad.

¿Quieren una metáfora más gráfica de lo duro que es estar solo en la ciudad?

19

Aunque tener quien vele por ti tampoco es que sea garantía de nada. Las balas también tropiezan con cuerpos de niños cuyos padres apenas les quitan la vista de encima un par de segundos. Y entran en casas sin ser invitadas. Por eso, el que se reúne con los suyos cada noche tiene derecho a celebrar la vida.

Lástima por quienes no aprecian su larga fortuna.

Herminia sí sabe que reunirse con sus hijas es celebrar, pero también sabe que hasta ese momento, en esta ciudad, en este país, todo es incertidumbre. No se sosegaba hasta abrazar a sus hijas, a las seis de la tarde (si los jefes no se ponían ocurrentes a última hora y el Metro se portaba bien), cada día, luego de ir a buscarlas al colegio, almorzar con ellas, dejarlas solas y volver al trabajo en un despacho de abogados, hasta esa hora en que la vida recuperaba color y sonido.

Las niñas sabían de memoria las advertencias y las repetían sin despegar la vista del televisor. «No le abrimos la puerta a nadie», «no estamos solas, mi mamá está en el baño».

Y como si domar los pensamientos masoquistas que bebían de esa pesadilla diaria que la prensa reflejaba no fuese un trabajo a tiempo completo, la niña mayor le comentó días atrás que habían estado llamando a casa, durante la tarde, y colgaban sin hablar.

Tres días después del mismo episodio incluido en el recuento de todas las noches, agobiada por tanta realidad y tantos oscuros presentimientos, se fue al Sambil al salir del trabajo y le compró un celular:

—No atiendas más el teléfono de la casa. Si soy yo, te llamo por aquí, ¿está claro?

El infierno adquirió entonces forma de SMS con pésima ortografía:

«Mami, sigen yamando, qe ago?».

Herminia, leyendo el SMS, no podía dejar de pensar en lo solo que está el edificio durante el día*. Pero qué hacer si la vida es pagar un alquiler para cocinar, dormir y guardar los niños durante la tarde.

Algunos afortunados hasta tienen con quién tener sexo ocasionalmente.

Al cuarto día las llevó a la casa como siempre y, cuando iba de vuelta al trabajo, algo sin palabras le dijo que hacía mal en volver a salir. Pero ¿en qué artículo de la Ley del Trabajo está establecido el «presentimiento» como falta laboral justificada?

Y se fue más apesadumbrada que de costumbre.

No eran las tres y media cuando recibió el SMS. Al ver el nombre, entendió que los presentimientos se estaban corporizando de a poquito. Y le reventarían en la cara si no hacía algo. En ese momento la muchacha de Contabilidad le estaba contando cómo unos atracadores habían exigido todos los BlackBerry de los presentes en un cine, después de localizarlos por *bluetooth*.

No se equivocó. Leyó: «Mami, ai unos ombres afuera y estan tocando».

Un relámpago helado le recorrió el cuerpo. Eso que era un temor ubicuo adquirió apremiante solidez. Un fogonazo venido de la sangre hizo que agarrara su cartera y, sin informar a nadie, cogiera la calle, viendo una y otra vez la maldita escena del pasillo solitario, con apartamentos vecinos tan ausentes de adultos como el de ella, con hombres trabajando

---

* Según cifras del INE, en 2009 ocurrieron 395.754 delitos en casas y apartamentos en todo el país.

fríamente para entrar en su casa, previamente radiografiada con maña y maldad.

Las piernas no se portaban a la altura. Ni la cabeza. Ni los pulmones. Nada en su cuerpo estaba cooperando con la colosal tarea de llevarla, nueve estaciones y dos cuadras, de vuelta a casa. Sobre todo la cabeza, que se solazaba en ver fotogramas con puertas fracturadas, un apartamento en desorden, niñas temblando en un clóset o bajo una cama.

Un dolor le aplastaba la espina dorsal y la obligaba a contener sus gemidos.

Cuando el tren llegó al fin a Colegio de Ingenieros, se subió al vagón un hombre flaco, seco, con un penetrante olor cáustico a tono con su aspecto. Llevaba una especie de camisón blanco largo con bordes azules, sandalias y un gorrito. Una pelambre larga y gris, que apenas dejaba ver unos pómulos y una nariz filosos, hacía de barba. Caminó lento, con la mirada desterrada de su cuerpo, y se colocó justo a su lado. Al rato comenzó a entonar unos cánticos que sonaban a lenguas muertas siglos atrás, dejando flotar las manos en el aire, como si fuese un ciego a punto de tocar algo. Una piedra helada le caminó a Herminia por los costados.

Al cabo de un rato, se detuvo e inclinando la cabeza ligeramente hacia ella le dijo, con una sonrisa triste de dientes verdosos:

—La lucha fue dura, pero el Maestro tiene más poder. Hemos vencido.

Y sin decir más se bajó en la siguiente estación.

Lejos de sentirse mejor, Herminia se inquietó más. No se inquietó: se arrechó. Le arrechó la absurda escena en que ese extraño le dirigió la palabra. Le arrechó esta estúpida ciudad y el hecho de no ser hombre y no llevar una pistola en el pantalón. Se arrechó con el tiempo que se pone pastoso cuando le conviene y con el hecho de no poder volar, desmaterializarse, pulverizar enemigos con su mente.

Llegó a su estación, atravesó las dos cuadras de siempre y subió por la escalera los dos pisos de siempre. Hubiese dado su vida en ese instante por encontrar su reja cerrada, como siempre.

No fue necesario transar la vida. Aunque eso no aplacó el terror que la tenía dominada como una llave inglesa. Tenía que verlas, examinarlas, tocarlas enteras, intactas, sonrientes, inocentes. Cuando metió la llave, el corazón le dio un vuelco al notar que la cerradura tenía unos mordiscos como de un alicate o de otra herramienta.

Pero estaba cerrada. Ese viejo mecanismo que no sabía a quién agradecer su invención, había resistido heroicamente, cumpliendo con su deber. Y proclamaba con modesto orgullo que en su casa solo estaban sus hijas.

(Y de verdad que los tipos lo intentaron todo. Hay días de mala leche y con eso no se puede. Todo estaba calculado y todo salió mal. Se les rompió una mecha, se les trabó un alicate de presión, bajaron unas viejas por las escaleras, les alertaron de unos policías en la esquina. Un trabajo de mierda que debieron abandonar.

—Esta vaina tiene una protección muy arrecha, mi pana —dijo uno que «creía en vainas», y decidieron abandonar un trabajo que parecía mandado a hacer.)

Al cerrar la puerta tras de sí, encontró a las niñas sentadas en el sofá, viendo televisión. Abrazarlas, sentir la alucinante suavidad de su piel y sus olores a leche tibia, una, y a madera fresca la otra, fue abrir las compuertas de un vendaval que la estaba acalambrando. Lloró, abrazándolas duro, desde el fondo de sus pulmones. Las niñas estaban desconcertadas. Pero muy pronto, y a falta de explicación, la mayor intentó zafarse para no perderse la película. La más pequeña, cuando pudo hablar, fue al grano:

—Mami, ¿nos trajiste algo?

Sobre el estelar segundo veintiuno

Y dibujaron su muñequito 'e tiza en la acera
DESORDEN PÚBLICO

UNA MOTO SUBE POR LA PRINCIPAL de Macaracuay esquivando los carros del canal rápido*. Sobre ella, dos tipos viajan con sus trajes de invisibilidad: chaquetas, lentes oscuros y gorras. Es la segunda vez que pasan por la esquina del Centro Comercial, pero la gente no suele reparar en esos detalles.

Son las dos y cincuenta y cinco de la tarde de un viernes de quincena. La ciudad se siente como un globo lleno al que le siguen echando aire. La moto con «los invisibles» baja de nuevo y vuelve a subir. El parrillero putea. Las señas recibidas son vagas y hay mucha gente en la calle. Las tardes de los viernes de quincena se dan las mejores pescas, pero no es para cualquier pescador. «Hay que tener bolas», se ufanaba. Se supone que el pez (o, el «pescao», como le dicen) ya debió haber salido del Centro Comercial. Descose la calle para armar en una misma persona las piezas sueltas recibidas por celular: gordito, moreno, alto, koala, franela azul y gorra de «los cerveceros de mibloque».

---

* Como ven, con sus ajustes de época, no ha perdido vigencia aquello de «Un bongo remonta el Arauca bordeando las barrancas de la margen derecha».

—Ese conejo no es serio ni cuando está trabajando —le grita al compañero.

De pronto, entre la masa de gente, vio todas-las-piezas-reunidas apurando el paso hacia la parada, midiendo al metrobús que se va acercando. La moto subió hasta la redoma y se lanzó en bajada esquivando carros y peatones, hasta detenerse delante del metrobús, que terminaba de estacionarse con su parsimonia de paquidermo cansado. El invisible que está de parrillero se baja y detecta al *pescao* a punto de subirse a la pecera. La cola estaba más o menos vacía. Estaba compuesta por: a) una señora gorda, b) la víctima en cuestión, c) un viejo con aspecto de español y d) una muchacha morena con audífonos. Incorporándose a la escena, un tipo cuarentón y una nenita de unos diez años corrían para alcanzar la cola.

El parrillero se lanzó directo sobre el objetivo. El que manejaba quedó sobre la moto, listo para arrancar. No hubo necesidad de palabras. Con una pistola en la mano cualquiera se pone a revisar a otro sin tener que dar explicaciones. Comenzó la escena que todo caraqueño tiene aprendida para cuando le toque vivirla.

Está en los genes, como parte del *kit* de supervivencia.

El tipo buscó directo en el koala, en el bolsillo trasero izquierdo del pantalón y en la media derecha del gordito. Tan abrumadora precisión trajo a la mente de la víctima la cara del cajero, con sus dientes de conejo.

—Coñuesumadre, maldito, sucio —murmuró para sí.

Todo se detuvo sin interrumpir el curso de esa escena. Todos miraban pero nadie estaba mirando. El viejo se encerró en su diario, la muchacha cerró los ojos para ver ese concierto de Oasis que salía de los audífonos, la señora clavó la mirada al piso con vehemencia y el cuarentón alcanzó a llegar a la parada y, al darse cuenta, abrazó a la niñita, tapándole la cara disimuladamente con las manos.

El resto del elenco hizo bien su papel de reparto. Todos (el conductor del metrobús, los pasajeros de los primeros asientos, la gente que caminaba por la acera) apuraron el paso, se volvieron ingrávidos, vaciaron de contenido sus pupilas, bordeando con sigilo el asunto.

Algo zumbaba en los oídos, alejando ese primer plano del resto de la escena, y sin embargo el rumor de la calle permanecía intacto en toda su composición: carros, cornetas, motos, sirenas, gente que sostenía remotas conversaciones... Todo seguía allí, en un murmullo pastoso que iba perdiendo gravedad. Todo ese furor comprimido de viernes de quincena encontró su desahogo y estalló en una suma de mínimos orgasmos personales. La presión bajó y los que entendieron se asustaron y celebraron en secreto no haber sido los poseedores del número de ese sorteo.

La escena se siguió espesando, congelando, perdiendo vida, hasta detenerse en un fotograma, que pudo ser la instantánea que acompañaría la crónica del fin del mundo para alguien.

El gordito obedeció dócil. Sintió un frío que le bloqueaba la audición. No sabía que tenía miedo, pero sí sabía que ya no sentía rabia. No, por ahora. Solo sentía ansiedad porque todo terminara pronto. El tipo se llevó el botín, y le quitó el celular y la gorra *Milwaukee Brewers* por la sola costumbre de *malandrear*, y caminó con aplomo en dirección a la moto.

Esa larga y repetida escena no duraría ni veinte segundos.

Y el tiempo cayó rodando sobre el estelar segundo veintiuno.

—Resulta que el papá de la niñita era policía. La empujó hacia mí, que estaba delante de ellos, y yo la abracé duro porque sospeché lo que venía. Dio dos pasos a un lado y, con las piernas abiertas y las manos agarrando su arma, les gritó con fuerza un «¡Quietos!» que, por supuesto, los tipos ni pendiente. Ahí mismito los dejó fríos. ¡Qué *heavy*!

—Vamos, que no fue así. La verdad es que el atracador se devolvía a la moto cuando se llevó el susto de su vida al ver a dos municipales echarle el guante a su compinche y a otro par de policías, que esperaban delante del metrobús, apuntándole con sus armas. Por mí, que los cuelguen por la polla.

—Usted no pudo haber visto nada porque apenas vio esa pistolota, metió la cabeza en el periódico. La verdad es que el muchacho no estaba solo. Cuando el malandro se le acercó con la pistola en la mano, se le vino por detrás el amigo del muchacho y le puso una más grande en la nuca. El de la moto se fue sin esperar al compinche. Al hombre ese todavía le deben estar dando palos en la parada.

—No, qué va. Yo los vi desde que llegaron. Se bajó el tipo con la pistola y calculé que el de la moto no estaría armado. Me entró una impotencia y, sin pensarlo, puse la palanca en *drive* y metí chola a fondo. Como el otro no esperaba ver al pana debajo de las ruedas, el gordito aprovechó y lo inmovilizó con una llave. Ahí mismo la gente se le tiró encima y le dieron hasta con paraguas y carteras.

Eran sabrosas todas las versiones. Todos, en su impotencia, se regalaron su fantasía de justicia, de redención ante tanto abuso. Pero la vida no es una película y al segundo veintiuno, el tipo se montó en la moto y arrancaron.

Apenas se perdieron de vista por la principal hacia abajo, el volumen de la escena comenzó a subirse gradualmente. La gente volvió a su ritmo, a respirar, a comentar y a preguntar necedades. ¿Cuánto te tumbaron, chamo? ¿Les viste la cara? ¿La gorra era original? ¿Te guardaste el dinero frente al cajero? ¿Esos reales eran tuyos?

El gordito los miraba como quien despierta en Pekín. Como podía mirarlos el perro que bajaba por la acera, ajeno a Caracas y sus miserias. En el barullo de preguntas, en el creciente rumor de vida vuelta a su ritmo, comienzan a desfilar por su cabeza las primeras conclusiones. Ve lejos, como si fuese un borroso pasado, la fiesta que tenía esa noche. Ve lejos las birras y los cuentos del mundial. Le preocupa llegar a la oficina sin los doce mil bolívares que le mandaron a sacar. Y sin un tiro en una pierna, que es lo peor. Piensa en esto último y le parece tan sospechoso, que hasta él mismo duda de su inocencia. Piensa en el trámite del cuento, en la cara de los ingenieros y la de Jenny, la secretaria, cuando les cuente. Piensa en la nómina y en la mirada de los obreros.

Piensa, qué cagada, en la cara de culpable.

En el metrobús todo el mundo participa de las conversaciones sobre el atraco. Todo el mundo, menos él. Él y el cuarentón que está con su niña y que se dedicó a hablarle de otras cosas. Cuando ya el tema comenzaba a morir en los pasajeros, el hombre le preguntó a la niña, que va callada viendo por la ventana con mirada melancólica.

—¿Qué tienes, nena?

—Que me da cosa con el muchacho. Tiene como ganas de llorar —respondió.

¡En este país nadie lee!

A L.R.

LE ENCANTA RELEER CLÁSICOS. Vuelve a ellos cuando sus contemporáneos comienzan a lucir repetidos. Una tarde, de regreso a casa del trabajo, entró en una panadería cercana. Un ejemplar de la *Ilíada* la acompañaba acunado en su brazo derecho. Compró pan, leche y queso y colocó el volumen sobre el estante para buscar el dinero en su cartera. Mientras esperaba por su vuelto, quedó un momento en silencio frente al muchacho que la había atendido; por los rasgos, obviamente portugués. El muchacho inclinó la cabeza y entrecerró los ojos, observando el libro con atención. Ella no sabe por qué, pero cuando esas cosas suceden se pone un poco a la defensiva.

—La *Ilíada,* leyó el muchacho en voz alta.

Ella asintió, un tanto incómoda, y rogó en silencio por que le entregaran su dinero pronto, por que a continuación no viniera un chiste, una pregunta estúpida, un comentario fuera de lugar.

El cajero trabajaba como el motor de un viejo tractor de película.

—A mí me gusta —comentó el portugués, asintiendo con un grave ademán—. Pero me gusta más *La Odisea.* Es más bonita. Esta es muy sangrienta.

Se podría argumentar que los textos de Homero son conocidos en el mundo. Pero lo que le ocurrió un par de años antes resulta mucho más curioso. Sospechoso, diría algún cultor de las teorías de la conspiración. En esa ocasión iba en un bus leyendo un libro de Augusto Mijares.

–*Lo afirmativo venezolano*, si mal no recuerdo –evoca ella.

Aunque llegó a ser ministro de Educación, Mijares es poco conocido hasta por los venezolanos, lo cual no debe extrañarnos. Una amable agudeza suele acompañar sus reflexiones sobre la educación. Leerlo es escuchar consejos de un abuelo sabio que, más que regañar con cortesía, nos hace ver los errores con discreta erudición.

Muy cerca de la puerta de entrada iba ella con su libro y, en un momento inesperado, el conductor del bus, viendo de reojo, comentó, como hablando consigo mismo, suspirando mientras sus brazos ejecutaban una coreografía con el inmenso volante y la palanca de cambios:

–Augusto Mijares. ¡Qué importante es leer a ese señor! Si lo leyéramos más, este país no estaría como está.

Hay que vivirlo para saber lo que es un vagón del Metro a las siete de la mañana. Leía un ejemplar de *País portátil* de la edición de 1973. Toda una reliquia.

–Te lo presto si me lo cuidas –le dijo el que se lo prestó.

–Claro, vale, ¡por favor! No faltaba más –debió responder ella, pero no desconocía que su sonrisa era más eficaz que mil palabras para ablandar el corazón de los dueños de libros ajenos deseados. Por tanto, la ejecutó en silencio.

Atravesaba Caracas en un vagón de Metro, leyendo que Andrés Barazarte lo hacía en un autobús. De pronto, en medio del calor y el apretujamiento, sintió que las letras se evaporaban gradualmente. O, más bien, como si hicieran una veloz y continua degradación hacia un gris muy claro (hasta alcanzar 5% de negro, dirían los entendidos en artes gráficas). El frío empezó a subir por sus piernas. Los sonidos del entorno comenzaron a hacerse huecos, mientras su propia respiración los iba apagando. El frío dio paso a una placidez. Enorme. Total.

Despertó sentada en un asiento del vagón. Varias personas la rodeaban. Un funcionario del Metro la estudiaba en silencio.

—¡Despertó! —oyó que dijo alguien, y comprendió que se referían a ella.

—Desmayarse en el Metro —se quejó—. La forma más fácil de regalar tus cosas.

Sus ojos preguntaron por su bolso.

—Todo está aquí, mi niña —le dijo un moreno que se lo extendió con ternura.

Tratando de no ofender, hizo al tanteo un disimulado inventario de lo más importante: monedero, celular, llaves... ¿Y el libro?

Ella tiene una risa franca. Una risa limpia, sin recodos malintencionados. Pero en contadas ocasiones esa risa se vuelve misteriosa. Sucede, por ejemplo, cuando alguien quiere parecer inteligente en una conversación, y no se le ocurre otro recurso que acudir al clásico tópico de «en este país nadie lee».

En esos casos, su risa limpia adquiere un extraño matiz, un misterio lapidario que intimida al infeliz interlocutor, junto a un ligero vaivén de cabeza. Podría echar alguno de sus cuentos, pero se limita a decir:

—Hay de todo, no te creas.

El engañoso *stop motion*

When I was a child
I caught a fleeting glimpse
Out of the corner of my eye

ROGER WATERS

EN ESA ESQUINA HABÍA UN POSTE.
Esquivando un carro a unos cien kilómetros por hora, un motorizado realizó una maniobra inesperada que lo lanzó por el aire. En su efímero vuelo vio su moto girar por el asfalto como un aspa, y mientras pensaba en lo divertido que iba a ser contarle esa hazaña a su mujer, sintió que le bajaron el interruptor de golpe.

Era tan famosa su temeridad, que le decían El Gato. Pero, o había ido muy lejos en eso de tentar a la suerte, o debió agotar su novena vida, porque el impacto contra el poste le fracturó el parietal de punta a punta.

Como a nadie le avisan de las líneas que le tocan en la próxima escena, un poco menos de dos semanas después, huyendo de su responsabilidad en un choque, un conductor de microbús hizo de ángel vengador del motorizado, arrancando el poste de cuajo y arrastrándolo varios metros en su huida.

Siempre habrá quien especule que si los sucesos se hubiesen invertido en el tiempo, el motorizado hubiese recibido halagos en lugar de misas. Que es como decir que el acento de la fatalidad no lo pone el sitio tanto como el momento en que suceden las cosas.

La vida daría a Yelitza suficientes elementos, además de tiempo y silencio de sobra, para llegar a esa conclusión. Ver cómo comenzaba a desvanecerse en las fotos de las giras que sus excompañeros colgaban en sus perfiles de Facebook, era una razón para pensar en ello. Estuvo en el sitio, pero contrario a las evidencias de entonces, no le tocaría estar en el momento.

Aunque no con un trazo perfecto, el dibujo de su vida iba bastante avanzado. Incluía un puesto ganado como solista de viola en una filarmónica. Y un admirable control sobre su tendencia a la obesidad. Y un padre lejano cuya presencia se manifestaba en dígitos en su cuenta bancaria, que se convirtieron en un carrito, en comprarse la ropa que le provocaba, en salidas nocturnas y paseos a la playa… en una cómoda vida de soltera. Ese dibujo perfilaba la cercana decisión de pensar en la Especialización en Dirección en alguna ciudad europea.

En algún momento, esa chica juiciosa que vivía en su apartamento de soltera sin preocuparse por pagos, decidió que su mapa estaba tan minuciosamente trazado que no le vendría mal un poco de diversión explorando otros caminos.

Fijarse en el mundo que estaba más allá de la orquesta.

Y, creyendo que era un pequeño recreo en su camino, se fijó en ese gordito gentil, ocurrente, piropero, juguetón, alegre, temerario, irresponsable, tramposo, desordenado, caótico, mentiroso y divertido que ya no recuerda quién le presentó.

Eso sí, nadie la engañó. A ella todos esos adjetivos le resultaban adorables encarnados en El Gato, que era como le decían. Estaba segura de que ese divertido atajo que hacía chistes con los nombres de las piezas que estaba montando, no sería jamás un obstáculo en su camino sólidamente trazado hacia su carrera musical.

Pero la vida tiene el engañoso ritmo del *stop motion*. Crees asistir al laborioso paso de los días, tomados foto a foto, cuesta arriba en la producción, y cuando te das cuenta en realidad estaba corriendo la película. Y te ves de pronto leyendo los créditos. Y en ese cuadro a cuadro, por algo de diversión y algo de rebeldía, Yelitza comenzó a salir con El Gato con cada vez mayor frecuencia, y comenzó a pasarla bien en su compañía, y a considerar encantador que no supiera nada de música pero que bailara sabroso. Y en una foto se sintió enamorada, y en la siguiente estaban encerrados en su apartamento revolcándose toda la tarde, y en la siguiente estaba embarazada, y en la siguiente su papá le armó un escándalo por teléfono, y en la siguiente la expulsó de su paraíso, y en la siguiente se reían felices de no tener qué comer, instalados en casa del Gato, a una hora de Caracas.

En esa época, de tarde en tarde aún sacaba la viola y tocaba un poco.

Mientras estuviese riendo y mientras suspirara, no le importaba en lo absoluto renunciar a cada uno de los privilegios de su vida. Concluyó que era cómoda, pero tediosa. Ni perder amistades que no fuesen capaces de entender su amor. «El que no respeta mis decisiones no me respeta», decía. Ni vender el carro para comprar la cuna y una moto para El Gato. «Aquí no hace falta carro, y con la moto él puede trabajar». Ni justificar sus trampas y mentiras. «Él es como un niño, pero es muy noble», se decía antes de perdonarlo. Ni buscarlo al hospital cada vez que salía mal librado de una de sus temeridades en la moto. «¡Tú de verdad tienes nueve vidas, vale!».

Era divertido, siempre terminaban reduciendo sus accidentes a chistes.

Pero si algo resulta difícil es mantener la risa cuando el mundo que te rodea te mira con compasión y, peor aún, cuando un día comienzas a ver, donde había un sólido mapa, una creciente fisura en tus convicciones.

Un día alguien le preguntó que quién era la nena de la foto que guindaba en el espejo de la peinadora. Y ella observó la imagen como extrañada, y la detalló como quien ve una novedad: el cabello rizado por los hombros, el vestidito negro, la mirada resuelta, la viola en una mano y el arco en la otra. «Esa era yo», se escuchó decir, agregando para entender que iba por una cuesta sin frenos: «Era linda, ¿no?».

Y resultó que el niño salió enfermizo. Y que la risa se le pasmó. Y que el Gato se ausentaba por períodos cada vez más largos y con mayor frecuencia. Y que ya no lo amaba esa mañana que salió (quién sabe de dónde) sin saber que tenía puesta la novena vida.

Y la dejó en un poste. Y a ella no le asombró no haber sentido nada.

Contaba Borges que así como podían duplicarse, las cosas en Tlön propendían «a borrarse y a perder los detalles cuando los olvida la gente». Muy avanzada su película, instalada en esa casa a una hora de Caracas, con un niño ausente que siempre sería un bebé, intuyendo que se desvanecía en silencio, desaparecida de las fotos en los muros de Facebook, de la lista de invitados a las fiestas, de los catálogos de los conciertos, de las conversaciones de los amigos y de toda forma de comunicación con esa vida lejana, Yelitza cruzaba la calle todas las tardes con diligencia para ver en qué podía ayudar a una vieja vecina que vivía sola como ella, en un caserón en la acera de enfrente…

Durante esos insomnios estirados en que elude el espejo por temor a no verse reflejada, se consuela pensando que mientras esa vieja solitaria la espere todas las tardes, no habrá desaparecido del todo.

Pero una noche se estrelló contra un pensamiento, inconmovible como un poste, que terminó de vaciarla. ¿Y si el purgatorio es precisamente cruzar esa calle todas las tardes, por toda la eternidad, para visitar a otro fantasma?

La naturaleza invisible de las cosas

Menos sabio, yo creo que conozco
mejor a las mujeres que Freud y sí sé lo que quieren.
No quieren sexo, no quieren seso. Quieren romance.

GUILLERMO CABRERA INFANTE

EL QUE SE BAJA DE UN VAGÓN DEL METRO, a eso de las siete de la mañana, se siente como el que acaba de tener sexo con alguien que no le gusta ni siquiera un poquito. Siente una palabra que no es fastidio, ni desencanto, ni calor, ni arrepentimiento, ni grima, pero que tiene algo de todas ellas.

Lo que se siente dentro del Metro es una versión contemporánea de un castigo bíblico. Tanto, que podríamos traducir a nuestro tiempo las palabras de antiguos amanuenses para ilustrar el poder de su dios: golpes, gritos, tumulto sin forma, largas esperas, calor sofocante, furia desatada, desolación... Y desde el techo, como un trueno, la voz del profeta Alí-el-Primero, enseñando a quienes se ganan el pan en duras jornadas a cambio de un salario de mierda, cómo es la vida de quienes se ganan el pan en duras jornadas a cambio de un salario de mierda*.

La gente camina en pasillos y andenes y sabe, sin alcanzar a ver, que «algo» anuncia ese aire enrarecido. Otean en todas di-

---

* En una época, a la Gerencia del Metro le dio por poner a toda hora música del cantor de protesta Alí Primera. Es muy probable que dejaran de hacerlo cuando se dieron cuenta de que la situación del país se parecía peligrosamente a lo que el músico denunciaba en sus canciones.

recciones, confundidos y preocupados, apurando el paso, como los perros cuando perciben esas «presencias» que deambulan en dimensiones paralelas en la oscuridad de nuestras casas.

El punto más alto del calor. Una capa tectónica gelatinosa. Un río humano, literalmente. Todos los virus, las rabias, las lascivias, los humores, flotando y frotándose. Eso es el Metro. Y si bastante caldo de cultivo tenemos con seres que duermen en casa, ni imaginemos el añadido de esa raza que riega a los usuarios con cuentos trágicos a cambio de unas monedas. (¿Cómo es que los operadores del sistema no advierten el ingreso de ese sujeto sin piernas que, pasando bajo los torniquetes, se arrastra sobre una patineta raída?) Eso es el Metro. Y es el atraco y el suicidio. Y el *coleao* y la morbosa leyenda de los «suicidios» involuntarios en medio del tumulto. Y la fábrica de paranoias de ese río subterráneo que mueve a la fuerza laboral de la ciudad.

Una fábrica de paranoias, pero también de esperanzas.

En *La redención de Shawshank* (Frank Darabont, 1994), el prisionero Andy Dufresne se encierra en la oficina donde funciona el sistema de altavoces, e inunda el patio con un aria de *Le nozze di Figaro*. De inmediato, cientos de hombres alzan la vista aturdidos ante ese cofre que desató palabras tan peligrosas: belleza, compasión, armonía, deleite, fragilidad, placer, sensualidad, mujer, humanidad, esperanza, suavidad, dulzura... Ellis Boyd, otro prisionero, comenta (en *off*): «No tengo la más remota idea de qué coño cantaban aquellas damas italianas, y lo cierto es que no quiero saberlo. (...) Supongo que cantaban sobre algo tan hermoso que no podía expresarse con palabras, y que precisamente por eso te hacía doler el corazón (...). Y por unos breves instantes, hasta el último hombre de *Shawshank* se sintió libre».

Y en eso de tener sexo con alguien que no te gusta ni siquiera un poquito, la chica de la falda de *jean* y la mirada triste se preguntaba una y otra vez cómo fue que despertó en ese hotel la mañana del pasado sábado. ¡Y con ese tipo! Hace un recuento mental: la celebración con los compañeros de clases, la falsa euforia de los grupos, los cócteles de algunos sitios nocturnos y ese impulso que el alcohol da a las chicas de querer sentirse *sexys*. Piensa, y se lamenta, que la vida a veces es un charco de mentiras cuyo disfraz no aguanta un amanecer.

Va ensimismada en su desdicha, de pie en un vagón del Metro, cuando entra en escena El Guitarrista. «Bueno, señores, un poco de música para aligerar el ambiente...» recita de memoria y comienza a ganarse el pan con una versión de alguna balada *pegada* en la radio. Se desplaza por el vagón cantando y tocando hasta que tropieza con nuestra *emo* circunstancial. Ella siente por ese sonido ajeno el mismo fastidio impersonal que siente por todo lo que viene del mundo externo. Él va caminando y se detiene ante la chica que mira al piso. Ella echa el cuerpo hacia atrás para que siga de largo, para que se vaya con su insólita alegría tan lejos (y tan pronto) como pueda. Él ignora su mensaje corporal y se detiene a cantar con dulzura mirando unos ojos que lo esquivan.

Como la carga precisa de TNT, un par de minutos bastaron para lograr su objetivo: tras la pared demolida, una sonrisa halagada se dibujó en ese rostro empeñado en mantener la rabia y el dolor intactos. Eso que no sabía que necesitaba, un chico desconocido se lo dio sin pedir nada a cambio. Sin alcohol, sin hotel.

Él terminó su pieza, recogió la colaboración entre los pasajeros y se fue al siguiente vagón a seguir ganándose la vida. Sin mirar atrás, como los héroes de las películas, dejan-

sa cara una sonrisa grabada en mármol. Tanto, que
cuando ella logró sentarse, cerró los ojos para estirarla, para
que la realidad no pudiera estropearla. Y viajó en una isla, en
una taima de su dolor, en una dulce dimensión paralela de
esa ciudad-hospital que solo acepta amargados, adoloridos,
resentidos.

Y desapareció para siempre, cumplido el cometido, dejando una estela de vida posible. Abriendo ventanas por las
cuales se ensancha el estrecho mundo de los que se ganan
el pan sin ilusión ni placer alguno en ello. Desinfectando el
ambiente de puteadas biliosas y corroídas. Soplando un poco
de brisa al corazón.

La chica redimida, con una media sonrisa y con los ojos
aún cerrados, dejó escapar de sus labios la frase: «Eso es un
ángel». Un hombre sentado a su lado, de unos cincuenta años,
con una guayabera crema casi transparente de lo vieja y una
ajada biblia en falso cuero entre unas manos que reprimían
mínimos temblores, lo ratificó con solemnidad. Agregó que
se trataba de guerreros celestiales en su lucha eterna contra
el mal. Que él en persona había presenciado sus batallas
contra demonios sanguinarios. Ante la sonrisa divertida de
la chica, el viejo le confió, bajando la voz, que una noche
muy tarde los vio con sus propios ojos (señalando primero a
uno y luego al otro) desplegar unas enormes alas nacaradas,
hermosas, con las cuales ascendieron, luego de culminada la
batalla. «Aleluya, hermana», decía temblando, conmovido
por su propio relato.

Y, a pesar del tono delirante de su discurso, decía una
verdad. O una de las formas de la verdad. Aunque la chica
no dejara de verlo como un simpático viejo loco. Y aunque

las pupilas del hombre, cruzadas por un delta carmesí, se ahogaran en el infierno líquido del delírium trémens. Ese que hace ver, como los perros en la oscuridad de nuestras casas, la vida paralela en que se mueve la naturaleza invisible de las cosas.

Un guionista al que se le secaron las ideas

A Fabrizio

Bloodied angels fast descending
Moving on a never-bending light
BLACK SABBATH

BARRER UNA AVENIDA, DE PUNTA A PUNTA, a la una de la madrugada, es de esas tareas que nadie quiere hacer. Pero que alguien termina haciendo. Escoba y pala, metro a metro, un rato arriando los montoncitos de basura y otro atisbando el horizonte, los barrenderos parecen los guionistas de la ciudad nocturna. De tanto andar, terminan viendo «los patrones», como si se les volvieran visibles los hilos que mueven la vida. Apenas se asoma, todo cuanto sucede encuentra su acomodo en esa infinita película que se rueda en la calle.

De noche, los barrenderos son tan invisibles como la luz roja, los teléfonos públicos y los postes de luz. Son, gracias a eso, espectadores privilegiados. Como fantasmas, atraviesan las escenas sin salir en cámara ni ser vistos por los actores. De allí que distingan el bien del mal, el culpable del inocente, la víctima del victimario.

Sea cual sea el disfraz que decidan ponerse.

Ramón tiene varios años barriendo la San Martín. Huele el peligro una cuadra antes de que se corporice. Por eso se quedó tranquilo cuando vio la bandita de cuatro muchachos que se acercaban hablando bajito y caminando rápido. No necesitaba pedirles la cédula para saber que *estaban limpios*.

47

Pero los policías son otra cosa. El que está armado con una pistola automática y una chapa nunca tendrá los sentidos tan agudos como el que solo puede blandir una escoba y una pala. Las herramientas del primero no solo le embrutecen los sentidos, que ya es malo, sino que le envilecen el carácter con ese veneno llamado poder.

Por eso, porque el que puede apuntar un arma no está obligado a ser sabio, es que Ramón vio una cosa y los dos policías que iban en la patrulla vieron otra. Por eso no podían dejarlos pasar. Por eso, como ángeles de furia de utilería, les cortaron el paso montando la trompa de la patrulla sobre la acera. Por eso, al ver las caras de terror que fotografiaban los faros, se les activó el «Poderoso». Por eso se bajaron de la patrulla con las pistolas en la mano, ladrando órdenes que los muchachos acataron aun antes de entenderlas. Mansamente se colocaron contra la pared, con las manos tan altas como les fuese posible, con la cédula en una de ellas.

Había miedo en el gesto, pero también la excitación de protagonizar esa experiencia de la que se jactan los panas mayores. Aunque nunca se tome en cuenta las variantes del «número». En este caso, consistía en que uno de ellos, pongámosle Kevin, no tenía en la mano, como los demás, el consabido papelito laminado.

Si se tratara solamente de limpiar la calle, Ramón los habría dejado ir. Pero no se razona igual teniendo una escoba que una pistola y una chapa. Por lo que los policías, al ver esas caras y esa mano que no blandía la cédula, intuyeron al momento la presencia de eso que se conoce como el extra, el redondeo, el regalito. El negocio, pues.

Eso que Ramón encuentra, acaso una vez al año, en forma de cadena o reloj en el piso.

Y comenzó a rodar la escena que hacían con tal frecuencia que casi les producía bostezos entre parlamento y parlamento:

—¿De dónde vienen ustedes? ¿Pa' dónde van? ¿Y tu cédula, chamo? (Cejas enarcadas respondiendo al balbuceo del que está complicado en el delito de haber dejado la cartera en casa. Cuchicheos teatrales apartándose ligeramente del grupo. Caras de gravedad al volver.)

—Móntate en la patrulla —le dijo uno.

—Es que nosotros estábamos en mi casa y bajamos a acompañarlos a ellos a conseguir un taxi, porque estábamos celebrando mi cumpleaños —señaló un temerario que pudo haberse quedado invisible.

—¿Yo estoy hablando contigo, muchacho pajúo? ¿Quieres que te meta en la maleta y te dé unas vueltas?

Negativa del aludido.

—Me hicieron *arrechá*. Ahora se montan todos en la patrulla —dictó un corrompido dios de furia con la cara llena de barros y una poderosa halitosis.

Los muchachos obedecieron con torpeza. Ramón, invisible, atravesando la escena, negó con la cabeza mientras seguía barriendo. Llevar la contraria a un dios colérico solo lo puede hacer el que tenga el don de la invisibilidad.

El Zeus de anime jugaba a los naipes abanicando las tres cédulas que tenía retenidas. Las cédulas simbolizaban vidas en su poderosa mano. Conversaba distraído con su compañero afuera de la patrulla. Todo estaba previsto. Por «sorpresa» la gente entiende asistir por primera vez a una escena vieja, repetida. Todo lo nuevo parece real. Los muchachos, adentro, conversaban bajito entre ellos. Todos hablaban para ahuyentar sus propias versiones del ingreso a una cárcel en la madrugada. Los fogonazos de imágenes enterraban agujas heladas en sus espinas dorsales en tanto se sintetizaban en vocablos en sus cabezas: malandros, piedreros, incomunicados, celdas, violación, noche, amanecer, policías, silencio, oscuridad, espaldacontraespalda, no vayas a llorar, marico...

El aliento de Zeus interrumpió el silencioso foro, anunciando cual heraldo su cara llena de barros que se asomó por la ventana, e informó:

—El cumpleañero y los otros dos se me pierden. El indocumentado se queda.

Y abrió la puerta.

Ninguno de los muchachos se atrevió a moverse.

—¿Ah, quieren pasear todos? Bueno, vámonos pa' la zona siete, pues.

Y dio un portazo a manera de punto final.

El compañero de Zeus se montó en el asiento del piloto y cerró la puerta dando un cholazo que hizo rugir el motor de la patrulla. Kevin, hacinado con los panas en el asiento de atrás, sintió un sudor frío resbalar por su nuca. Alguien halaba un hilo que estaba pegado a la pared de los estómagos de los cuatro.

Pero Ramón conoce todo cuanto sucede en la calle apenas se asoma. Como el viejo proyeccionista de un cine de pueblo, conoce el final de todas las películas. Por eso asistió con aburrimiento a la escena en la que Zeus asomó de nuevo su aliento de rata por la ventana de la patrulla y sugirió la salvación:

—Vamos a hacer una vaina. Yo tengo hambre y quiero un pollo. ¿Cómo hacemos?

Dos cuadras más y ochenta bolívares menos, desvalijados en comuna, sin taxi pero sin pesadillas, los muchachos se devolvían a casa del cumpleañero. Visto con optimismo, habían pagado por un guion que se estiraría hasta alcanzar dimensiones épicas durante las próximas semanas.

50

Ramón los siguió hasta que se perdieron de vista, a policías por un lado y a muchachos por el otro, con una mezcla de lástima y tedio. Al volver a su rutina, vio un periódico casi intacto en el piso. Lo recogió y, antes de meterlo en la cesta, leyó sobre un tipo que le pidió millón y medio de dólares a otro para no meterlo preso.

—Este no quería un pollo sino la pollera completa —se dijo, incapaz de asombrarse de nada.

Y siguió barriendo y andando, invisible, escoba y pala, metro a metro, un rato viendo los montoncitos de basura y otro atisbando el horizonte, aburrido ya, como un guionista al que se le secaron las ideas.

En la alcabala

A mis hermanos. Padres con «P»

La prima pobre del miedo es la rabia
THOMAS LYNCH

ALBERTO ES UN TIPO COMÚN. Trabaja duro, tiene familia, intenta llegar a la quincena, ama a su hijo... Un tipo común, de los que se inquietan con las noticias diarias. Alberto ama a su hijo y siempre que lee cosas como las de Kennedy[*], piensa que su muchacho no va a decir que no cuando un compañero de la UCV, donde estudia, le diga: «Acompáñame a llevar a las panitas a su casa, que me da maltripeo ir solo».

No hay remedio: vivir en Caracas, vivir en Venezuela, vivir en estos primeros años del siglo XXI, equivale a disponer de dos turnos seguidos en una obligada ruleta rusa. O, peor aún, a que te toque al azar jugar a la ruleta venezolana (siempre que pierdas seguirás jugando).

---

[*] Para hacer corto el horror: jugando a la guerra, una docena de hombres encapuchados provistos de armas de alto poder de fuego, montaron una alcabala en la entrada de ese barrio del sur de la ciudad, una noche de un día de semana. Se trataba de «efectivos» de la Dirección de «Inteligencia» Militar. Un grupo de estudiantes universitarios viajaba en un carro (le iban a dar la cola a una de las compañeras de clases porque salieron tarde y, para darse valor, se juntaron tres chicas y dos chicos) y al ver a los encapuchados haciéndoles señas de que se detuvieran, obviamente aceleraron. Los asesinos los persiguieron disparando sus potentes armas, hiriéndolos de gravedad a todos. Aún con vida, los chicos intentaron salir del carro, aterrorizados sin saber el porqué de tanta saña, sin saber por qué estaban sentenciados a muerte. Les dieron alcance y los remataron cobardemente. A los dos chico[...] en coladores. Una de las chicas no se recuperó más nunca de las lesiones[...] conducía la «operación» era una mujer.

Aunque los viejos digan que siempre ha sido así, Alberto piensa que tanto militar suelto, tanto policía de civil, tanta arma, tanta apología a la guerra, tanto militante fanático presto a actuar, tanto *malandreo*, no es un asunto de todos los tiempos. No se despacha con un «siempre ha sido así».

Alberto salió esa mañana a su oficina. No todo el mundo sale feliz a ganarse el pan en el negocio de otro. Y ya dijimos que nuestro personaje es un tipo común. Las mañanas rumbo a la oficina tienen esa cosa a mitad de camino entre el tedio y la desesperanza. Precisamente, para eso están los programas «ligeros» de la radio.

Alberto trata de encontrar un punto de equilibrio ante tanta realidad: hace un mes invadieron a plomo un edificio cerca de donde vive la mamá. Hace dos semanas se volvió a hablar de expropiaciones. Hace una, un líder que viste con ropa italiana y usa relojes suizos, advertía que «hay que comprar nacional», mientras seguía en su cuenta de «nacionalizaciones».

Alberto todavía no sabe convivir con el cinismo. Se resiste. Meditaba sobre dónde se encontraría el punto de quiebre, escuchando sin prestar atención a las risas falsas de los locutores de la radio, cuando sintió un golpe por un lado de esa camioneta que a duras penas lograba mantener.

Su reacción fue buscar con la vista hacia el costado de donde vino el sonido. Por el retrovisor ve el celaje de una moto con un hombre vestido de verde sobre ella. Le pasa a muy poca distancia y comprende, de inmediato, que: a) esa moto con el militar encima tiene que ver con el golpe –el del costado de su camioneta, no se crea–; y b) no piensa detenerse. Las cadenas, la amenaza, las viejas entrenando para unirse a la guardia patrimonial, la neurótica versión de los hechos de las «marchistas» profesionales, los devaneos de la prensa mundial buscando por estos lares al «buen salvaje», el desabastecimiento que se vuelve rutina, tanta pistola y tanto verde junto, todo eso le estalló en la frente. En la cara.

Con rabia, sin prudencia, gritó por la ventana:

–Coño, ¿y te vas a ir?

El motorizado no actuaba como un ciudadano con responsabilidad civil, sino como un uniformado con autoridad militar. La gente se resigna a que en Venezuela el uniforme no es servicio, es autoridad. Así se lo enseñan en la Academia Militar. Detiene la moto a un costado, sin muchas precauciones. Se baja y de mala gana le dice, con ese tono con el que suelen decir las cosas quienes tienen una pistola al cinto:

–Ven pa' ve qué fue lo que te hice.

Los teóricos de la comunicación dicen que todo eso está previsto. La polarización, la amenaza, la arrogancia... Alberto solo sabe que no quiere andar con la camioneta rayada, porque está conteniendo, con lo que le resta de fuerza, la pauperización que se cierne sobre su modo de vida.

–¡Ven, no! ¡Ven tú que fuiste el que me rayó la camioneta! –le contestó.

El motorizado sonrió, dueño de la situación, y se acercó con parsimonia. «Si no van a saber andar por la calle, que no salgan de los cuarteles, nojoda», pensó Alberto mientras veía la raya que marcaba otro escaloncito en su camino hacia abajo.

El motorizado se le paró al lado y, con una sonrisa de medio lado, preguntó:

–¿Qué fue lo que te hice? ¿Esa rayita?

Alberto conocía sus limitaciones, que eran muchas, y las longitudes de su paciencia, que eran pocas. Tanta desfachatez era una invitación a convertir una mañana de ida al trabajo en un confuso episodio en Fuerte Tiuna. Con coñaza incluida. Y hasta con expediente por subversión, que no es difícil lograr. Pero su ego no le permitía retirarse en silencio. Si había bajado un escalón más en su nivel de vida, no tendría por qué bajarlo también en su concepto de sí mismo.

–¡Nojoda, de bolas, si ustedes son arrechos y nunca pagan un coño! –comentó con suficiente volumen para salvaguardar su honor ante los mirones, pero con suficiente sensatez como para montarse en su camioneta y seguir directo al trabajo, sin volver la vista atrás.

Pasó el día pensando en la raya. Necesitaba llegar a su casa y echarle el cuento a su mujer, tomarse un *whisky*, relajarse frente a la programación del cable y revivir la furia al día siguiente, cuando viera que la raya (como el país) seguía allí.

Camino a casa, ya estaba preparando el cuento a su mujer cuando, al abrir la puerta, vio en el rostro de ella, frente al televisor de la cocina, que algo más importante que una raya en la camioneta estaba ocurriendo.

–¿Qué pasó? –fue su saludo.

Ella también ama a su hijo, y ya lo dijo el poeta: el que tiene un hijo tiene todos los hijos. O algo así.

–Los muchachos que secuestraron. ¿Te acuerdas? Los encontraron muertos. A los tres.

Alberto sintió que toda la rabia que sentía por una raya se le salió del cuerpo, y que todas las preguntas que se había hecho esa mañana eran vanas. Sintió lo que siente cualquiera ante la muerte: que todo lo demás agacha la cabeza, por temor y respeto, ante el misterio de lo irreparable, del dolor de hombres como él, que quieren a sus hijos. Entendió a cabalidad, sin haberlo leído, eso que escribió La Rochefoucauld en sus *Máximas*: «A la muerte y al sol no se les debe mirar a la cara». Entendió que su furia y su temeridad mañanera entraban en el rango de la peligrosa soberbia, y que su mujer y su hijo celebran cada noche que atraviesa ileso por esa puerta.

—Como al empresario aquel. Los habían parado en una alcabala policial —dijo su mujer, como si hablara consigo misma.

—¿Y Pedro? —preguntó él de inmediato.

—En su cuarto —respondió ella sin quitar la vista del televisor.

Las mañanas son buenas para pensar. Sería al día siguiente cuando, rodando al trabajo con su camioneta rayada, Alberto se preguntaría si se estaría volviendo cómodo por el hecho de haber pensado que él, después de todo, había corrido con suerte en su ración diaria de violencia, pistolas, descomposición y uniformes, o si estaba aprendiendo a convivir al fin con las condiciones que lo rodean.

No vas a creer lo que acaba de pasar

IGNACIO Y GILBERTO NO ESTABAN PASANDO por un buen momento. Agotamiento, le llaman a ese punto en que todas las convergencias de un tiempo terminan convertidas en divergencias.

Esa tarde de jueves se citaron para tomarse unos tragos en el San Ignacio. Habría pasado una hora, pero parecía un largo día atravesado por una alambrada de reproches velados y comentarios desabridos, así que pidieron la cuenta y decidieron irse a casa.

La relación estaba en franca terapia intensiva. No parecía posible que viviera un minuto más si la desconectaban, pero ninguno de los dos se atrevía a invocar la tregua de la necesaria distancia. El que lo intentara le daría al otro el pretexto (lógica de guerra) de interpretarlo como una hostilidad que merecería respuesta.

Pero, tarde o temprano, alguien tendría que hacerlo.

Ignacio debió ir al baño en el local donde se aburrían, pero no lo hizo y no pensaba devolverse. Además, con lo celoso que se había vuelto Gilberto, de seguro fantasearía con un «alguien» que esperaba en una mesa cercana con una tarjeta con sus señas. Pero no iba a aguantar todo el trayecto sin vaciar la vejiga, por lo que, al ver el baño de la entrada del estacionamiento, comentó:

—Ve pagando, voy un momento al baño.

—¿Por qué no fuiste allá arriba?

—Ve pagando, coño, que voy al baño, no a Saint Tropez.

—Por mí te puedes ir a la mierda —salió de la sonrisa amarga de Gilberto.

Entró al baño. Brillaba. Acababan de limpiarlo. Un hombre alto, de unos cincuenta años, se peinaba frente al largo espejo que atravesaba la pared de los lavamanos. Todo estaba en silencio. Ignacio caminó hacia uno de los dos urinarios del fondo.

De una de las puertas de los excusados salió un hombre con gorra y un bolsito que miró breve pero fijamente hacia el espejo. A Ignacio le incomodó que una mirada tan directa estuviese dirigida a él, pero comprobó que era con el que se peinaba, aunque eso no le amainó el desagrado. Le asustó que fuese a atracar al caballero en su presencia.

Pero de inmediato, algo en las miradas que se cruzaron le hicieron entender que, no solo se reconocieron, sino que se hicieron una seña imperceptible. Es decir, no eran desconocidos. Es más, juraría que el que se peinaba impasible usó sus labios como una mínima y breve flecha que indicó hacia el baño que estaba a sus espaldas, al lado del que había estado ocupado por el que salió. Juraría, también, que el otro miró hacia esa puerta cerrada que le señalaban con el breve y mínimo movimiento de labios y asintió, con un gesto igual de breve y de mínimo.

Pero todos esos juramentos durarían cuatro, cinco segundos, porque de inmediato se dijo que la vida no se podía vivir así, que si no se aprendía a vivir en Caracas habría que resignarse a morir enfermo de paranoia; que «no ves, el del espejo se va, eso es todo». Eso era todo, se estaba reiterando, mientras se colocaba frente al urinario y se bajaba la bragueta. Y orinó siguiendo a través del espejo la trayectoria del hombre que salía, para terminar de convencerse.

Gilberto pensó que la relación se estaba desmoronando en sus narices y concluyó que nada costaba poner un poco de su parte. Reconoció que estaba muy posesivo, así que cambió de opinión y decidió esperar a Ignacio en la entrada del baño. Quizá lo invitaría a comer algo antes de irse a la casa. O le diría para ir al cine.

Cuando estaba a unos pasos del baño vio salir a un señor alto quien, antes de cerrar la puerta tras de sí, metió la mano por la rendija que quedaba y, con un movimiento rápido, apagó la luz antes de dar un portazo.

—Está cerrado —le dijo, quedándose en el medio de la puerta con las manos cruzadas por delante.

Gilberto se sintió repentinamente confundido. Le pareció extraño que el señor cerrara la puerta de esa manera. Además, no tenía aspecto de trabajar ni como vigilante ni como personal de limpieza. En todo caso, de personal administrativo. ¿Algún funcionario público que lo estaba clausurando? Tampoco estaba tan seguro de que ese era el baño al que había entrado Ignacio, por lo cual se disculpó y, dubitativo, se alejó unos pasos buscando con la vista el otro baño, al extremo del pasillo, antes de encaminarse hacia él.

La escena estaba enmarcada en una sola panorámica. Ignacio pudo ver por el espejo cómo el hombre de la gorra sacó algo del bolso que llevaba, se agachó rápidamente y lo metió por debajo de la puerta del excusado que permanecía ocupado. No tenía muy claro lo que estaba viendo, porque, además, todo ocurrió una décima de segundo antes de que el viejo alto, que ya había abierto la puerta y tenía el cuerpo fuera, volviera a introducir el brazo fugazmente para dar un manotazo al interruptor y cerrar la puerta con fuerza.

Ignacio sintió frío y un fuerte latido en las sienes. Su mente intentó comprender lo que estaba ocurriendo, pero no logró producir un solo pensamiento sensato. La trayectoria del cuerpo que se agachaba se terminó de dibujar en su mente, porque ya el baño había quedado en la más absoluta oscuridad y apenas percibió la energía del movimiento. Mientras lidiaba con el pánico y aguzaba la vista hacia el sitio donde debería estar el hombre que se había agachado, intuyendo que allí estaba el peligro del que debía cuidarse, escuchó dos, tres sonidos estruendosos, metálicos, cortos, secos, tan cerca que tardaron en apagarse en sus oídos, mientras veía cómo parte de la silueta del hombre se iluminaba con los fogonazos que acompañaron las detonaciones.

No se hubieran apagado tan pronto de no ser por el grito largo que, de pronto, se comió todos los demás sonidos. Entendió que ese grito le había salido de su garganta. Cuando pensó que lo iban a matar, cuando se comenzó a preguntar cómo se sentiría un balazo, un haz de luz se fue abriendo desde el sitio en que sus desorientados sentidos intuían la puerta, y vio el mismo brazo, pero ahora en sombras, dando otro manotazo para encender la luz el tiempo suficiente para que el hombre de la gorra se dirigiera hacia la puerta con movimientos rápidos. Antes de que volvieran a apagar la luz, Ignacio creyó ver un charco espeso que salía de la puerta cerrada del excusado por donde también salía humo.

Un fuerte olor a pólvora ahogaba el aire.

Gilberto no había dado cinco pasos en dirección al otro baño, que quedaba como a unos cien metros, cuando escuchó las detonaciones y el grito. Se ocultó detrás de una de las columnas de los estacionamientos y volvió la mirada hacia el baño que estaba cerrado cuando, desconcertado, presenció cómo el viejo que se había quedado en la puerta viendo a todos lados, volvió a abrirla e, introduciendo un brazo, encendió la luz de nuevo. De inmediato, otro hombre salió y, tras volver a apagarla y a cerrar, se perdieron caminando veloces, en distintas direcciones, hacia la calle.

Ignacio intentó abotonarse el pantalón, pero el ojal se le volvió esquivo. Como pudo, agarrándose el pantalón con una mano mientras tanteaba los lavamanos con la otra, llegó hasta el interruptor. Parecía una acción sencilla, pero era un esfuerzo sobrehumano coordinar sus piernas, que parecían de gelatina. Temía, además, pisar el charco, que no sabía cuánto había crecido. Prefirió buscar el picaporte antes que el interruptor. No quería mirar nada de lo que pudiese traer la luz dentro de ese baño. Solo quería salir de allí. Al girar el picaporte y sentir la luz le extrañó ver a Gilberto que caminaba, lívido, hacia él. Por un instante no recordó que estaban juntos esa tarde. Sintió que se había liberado de un largo cautiverio, aunque apenas habían transcurrido dos minutos desde que entró al baño.

—No vas a creer lo que acaba de pasar —le dijo a Gilberto. Este se limitó a abrazarlo.
—Me lo cuentas en el camino —le dijo—. Vámonos pa' la casa.

Tarde de Metro con foro social como marco

Dos TIPOS ALTOS, GREÑUDOS, EN SANDALIAS, se montan en el Metro («Cristo vino y se trajo a un pana», comentó un tipo entre dientes). El vagón está atestado. Tres chicas menudas, perfumaditas, uniformadas de alguna academia de aprendices de banco, los miran y cuchichean. Hablan de un «tufito». Algunos miran alrededor con aire grave, buscando algo. Alguien se atreve a exteriorizar un «coño, con este calorcito». Otro lanza al aire la fórmula ancestral: «Limón y bicarbonato, nojoda». Las chicas secundan los comentarios con sus risas y observan a los greñudos, refiriéndose a ellos como gringos. Alguien, con un oído más cultivado, las corrige:

–Son franceses. O belgas.

–«Es el mismo osito muerto» –dice una de las muchachas, arrugando su naricita, abanicándose con una carpeta, y estallan en una carcajada cómplice.

–¿Uno? Por lo menos dos, marica –completa la otra, apretándose la nariz con los dedos de una mano y estirando los dedos medio e índice de la mano libre.

–De pana, marica. Así los hayan matado en China o en Francia, jijijijiji –asevera la que no había hablado, enarbolando una risita desfachatada.

Los dos tipos, silenciosos, miran a su alrededor muy serios. Un cierto desdén acompaña sus miradas. Su estatura les permite observar en picado. El desdén parece una defensa contra las miradas y las risas de las chicas. La intuición les dice que «ellos» son el chiste. Vinimos a salvarlas del capitalismo y ustedes no agradecen. Se tapan la nariz. Indias pretenciosas. Esto último no lo pensarán, porque escapa de su léxico (y de su entrenado apego a lo políticamente correcto). Pero alguna frase traducirá ese sentimiento. «Yo vengo a traer mi verdad». Las chivas largas calcan la imagen clásica de los incomprendidos de la Historia. Puro pasado. El Ché. Woodstock. La mafafa. *Lucy in the sky with diamonds*. Viva Cuba. Viva Vietnam. Prohibido prohibir. Hagamos el amor, no la guerra...

Las caraqueñas son pulcras hasta la frivolidad. Incluso al terminar una larga jornada de trabajo se retocan el maquillaje y el perfume antes de salir de la oficina, de vuelta a la casa. Y siempre huelen rico. Y siempre que las deben mostrar, llevan sus axilas y piernas rasuradas. Y se equilibran en unos tacones impensables, danzando con esclavizante cadencia como si no hubieran atravesado una agotadora jornada.

En otra estación se montan unos sureños. Bolivianos, brasileños, chilenos, colombianos. Los fenotipos se confunden. (La Patria Grande es una madre soltera.) Los macutos que dicen «un mundo distinto es posible» y los atuendos, amén del cartoncito que les cuelga como niños de kínder, los delatan dondequiera que van. Muestran los cartoncitos en las puertas del Metro y pasan sin pagar, con el aire de suficiencia del que muestra el carné que le da acceso a una planta nuclear.

Una negra dura, con sus sesenta largos a cuesta, comenta, buscando aliados:

−¿Y estos no pagan pasaje? ¡Qué mantequilla!

En Bellas Artes se suele montar la delegación más numerosa. Las pintas son un reto a la originalidad. Desde turbantes hasta flechas aborígenes. Para los caraqueños, esnobs por naturaleza, toda una novedad. ¿Ya se dijo que las caraqueñas van al trabajo como si fueran las gerentes y no las recepcionistas? Bueno, una chica jovencísima, rubia, vestida de gitana, se monta con un grupo de unos cinco «activistas». Su rostro teutón es hermoso en su frialdad, como esculpido en hielo. La dureza de su gesto indica que, pese a la edad, ya ha participado en varias batallas contra el G-8. Ya ha llevado gas y ha sido arrastrada por los tobillos. Su cartoncito dice CAMPAMENTO. La blancura de sus lindos pies hace destacar escandalosamente el barro que se mezcla entre sus dedos. A ella no parece importarle. «¡Madre de Dios! Ni las caraqueñas que viven en los cerruchos* se permiten esos deslices», piensa un tipo que mira sus pies con desconcierto. El contraste es brutal. «Qué lástima», comenta antes de bajarse, moviendo la cabeza en un gesto de honesta aflicción.

En el andén, los que no tienen cartoncitos colgando, están en otro mundo. En el de aquí. Es decir, su modesto reino sí es de este mundo. El del día a día. «Que si será taquilla, que en cuántos juegos ganará el Caracas, que lo que estoy es mamando, que yo vengo cobrando es el miéeeeeercoles». ¿Y el otro?, responde su interlocutor, en la típica jerga caraqueña.

---

* Palabra derivada de cerro, término peyorativo que apela a los barrios de más intrincado acceso, ubicados usualmente en lo más alto de… los «cerros». Los cerruchos están cargados de leyendas urbanas para todo aquel que no los conoce. Son mitos vistos de lejos en su aparente aspecto de inocente pesebre. Una de las leyendas urbanas más difundidas es esa, que mucha gente asegura haber vivido, según la cual alguien invita un viernes a su casa a varios compañeros de trabajo. Van en su carro. El anfitrión, luego de subir varias cuestas, estaciona su carro cerca de una cancha, rodeada de callejones e infinitas escaleras desiguales. Saca de la guantera tres pistolas y, entregándole una a cada uno de sus invitados, les dice: «Bueno, a partir de aquí no los conozco. Nos vemos allá arriba».

Y se ríen de su tragedia. E incluso cuando se apretujan en el vagón y los aplastan los que entran, se ríen.

Los turistas los estudian con extrañeza. ¿De qué se ríen? Las revoluciones son cosa seria. De seguro estarán un poco decepcionados por la ausencia de nidos antiaéreos y escuadrones alfabetizadores en las calles. Además, ¿cómo formar cuadros para la batalla con gente tan bochinchera?

Quién sabe qué pensarán de lo que vieron, de esta ciudad salvaje, sucia, de colores brillantes y clima amable. De sus chicas pulcras hasta la frivolidad. De su pueblo, consumista y esnob, como pocos. Que un mensajero tenga un BlackBerry, da una idea del asunto...

De seguro se fueron un poco desencantados de que este pueblo anfitrión del foro (conejillo de Indias de la última esperanza de la izquierda más radical), se sienta tan indiferente ante esas abstracciones ajenas a la fiesta, a ganarse el pan, a la furiosa épica de llegar a casa vivo, cada noche, en esta ciudad alucinante.

Atravesando el laberinto

A Lennis y a Ariadna

Por eso cuidate de las esquinas,
no te distraigas cuando caminas,
que pa' cuidarte yo solo tengo esta vida mía.

YORDANO

En Caracas es raro ver motos con placas. Menos si a su conductor lo acompaña un indeterminado aire de «cuidado-y-te-equivocas». En tales casos la placa la lleva dentro de su cartera, lista para adosarla en la cara del primer ingenuo que, por creer en la Biblia o en la Constitución, haga observaciones indebidas.

Y ese aire de «cuidado-y-te-equivocas» tiene sus niveles: desde el puro amago hasta ese superlativo representado en esos tipos con caras de no saberse un chiste, que galopan hermosísimas BMW de alta cilindrada, sin titubeos ni escrúpulos, prestos a resolver eso que eufemísticamente se conoce como «asuntos de seguridad del Estado». Al verlos atravesar las calles en sus silenciosas motos de Max Steel, a los más jóvenes se les activan las glándulas salivales y a los más viejos se les erizan los vellos de los brazos.

Como el que ve a la Muerte pasar frente a la puerta.

Desconociendo el viejo pacto de los semáforos (por si un motorizado está leyendo: verde es paso, rojo es alto), mototaxistas, mensajeros, repartidores, cobradores, atracadores, policías, se abren paso entre carros, peatones y montañas de basura a contravía, por mínimos espacios entre vehículos detenidos y la acera, o por la acera misma, como si de no detenerse nunca dependiese el girar de la Tierra.

En el mundo del laberinto representan el peligro que no se ve venir, el Mal sibilino. Los autobuses son Gigantes, los carros Arbustos y los camiones Monstruos, según le explicó un día Andrea a su mamá.

–¿Y las motos?

–Serpientes –respondió la niña muy seria.

Y así se veía, desde un poco más de un metro de altura, la avenida que cruza todas las mañanas con su mamá desde hace seis años. Ganar la otra acera era una aventura colmada de riesgos, imprevistos, rugidos y fugas, como toda aventura que se precie de tal. Todavía la sigue usando. La nomenclatura, claro, porque con la avenida no tiene alternativa. «Cuidado, allá viene una serpiente», previene. «Después del arbusto, cruzamos», calcula.

Hay serpientes de serpientes. Uniformados o de civil, los policías van en sus motos pensando en sus negocios. «Debo pasar por donde el portugués», repasa uno mentalmente rodando entre buhoneros y pasajeros que saltan de improviso de los buses. «Me le voy a poner serio porque la semana pasada me rebotó», decide. «De ahí paso por la tienda de celulares a buscar el depósito, y del banco me voy a la casa»[*]. Absortos y hastiados del calor y del humo, incapaces de ver las miles de

---

[*] Los más modestos, los realmente ambiciosos, se meten en asuntos serios, como secuestrar gente, manteniéndola retenida en las comisarías.

pequeñas faltas que se cometen en torno suyo y que convierten a Caracas en una babel de ruido, violencia, desconfianza y mala fe. Faltas que van alimentando gota a gota ese *tsunami* que en cualquier momento caerá sobre nuestro valle, poniendo orden en este viejo entuerto que acaso tuvo solución cuando sus nobles límites eran la quebrada Catuche, el Guaire, el Ávila y la Roca Tarpeya.

Mariela tiene treinta y cinco años. Tiene una hija de doce y un poco menos de ese tiempo de divorciada. La inteligencia de su hija es su gran orgullo. El capítulo «casada», su peor chasco. Todos los días, desde hace seis años, una rutina la sujeta a la vida como el dinero al poderoso: se levanta, se baña, despierta a Andrea, prepara el desayuno, se visten y salen a retar a la vida en ese campo de juego que es la calle.

El primer hito es ganar la acera opuesta. ¿Sencillo? La pasarela está a doscientos metros. El semáforo, un poco más allá. Y el Laberinto minado de Serpientes. ¿En qué estarían pensando los planificadores encargados de que su vida fuese, ya a las seis y treinta y cinco minutos de la mañana, una ruleta rusa cotidiana? Las estadísticas son escalofriantes. De ahí el estrés. De ahí la cosmogonía del laberinto. De ahí el sentirse triunfantes ante el simple hecho de colocar sus pies en la otra acera. Triunfantes, y agotadas.

Pero no se queja. Sabe que podría vivir en Guarenas. O en Cartanal. O en San Antonio de Los Altos. O hasta en Maracay, como uno de sus compañeros de trabajo. Tan solo doce estaciones del Metro y lleva a la hija al colegio, y con seis más ya está en la oficina desayunando. Sabe que es una privilegiada. Quejarse sería una descortesía para con los que ya tienen un par de horas rodando cuando ella apenas abre los ojos a un nuevo día.

Atravesando el calendario escolar como lo haría un explorador por territorio hostil, Mariela y Andrea cruzan el laberinto día a día para llegar al otro lado. Día a día, sintiéndose veteranas de una guerra que expresa sus bajas en cifras que rondan el millar cada año. Un millar de milagros anuales, durante seis años.

Y así, Andrea culminó su sexto grado.

Esa mañana de domingo corroboró aquello que afirma que la ansiedad es el despertador más eficaz. Se bañó, se vistió, se perfumó y hasta decidió peinarse ella misma, frente al espejo. Metió las puntas superiores de sus orejas debajo del cabello (ya se sabe, las chicas y sus complejos) antes de apretar con firmeza la cola que se hizo. Después del acto, las vacaciones, pensaba. Y después, eso excitante y lejano que se llama liceo.

Esa mañana no era para ir en Metro. Apenas al pararse frente al laberinto se sintieron con suerte: un taxista les tocó corneta desde el otro lado, esperándolas. Andrea se aseguró de que la vía estuviese despejada y se bajó de la acera.

No tuvo tiempo de entender que esa espléndida mañana caería su *tsunami* personal. Un aturdimiento precedió al susto y este, al dolor. Voló unos segundos para aterrizar aparatosamente, sin aire, un par de metros más allá. Su inmaculada blusa blanca se manchó del rojo que salía de su boca. Las manos resultaron inútiles para contener tanto color. Junto al aliento recuperó la audición, y escuchó su propio llanto y los gritos de Mariela. Se preguntó si todavía estaba durmiendo.

(Si era así, debía despertarse, porque ese día sería el acto de grado.)

La Serpiente rodó un par de metros antes de caerse estrepitosamente, haciendo rodar a su conductor, quien apenas tuvo tiempo de mirar la escena que había provocado unos metros atrás. Una niña de unos doce años se incorporaba llorando asustada, con la blusa y la cara ensangrentadas. Una mujer joven la auxiliaba mientras recogía del piso algo pequeño que debía ser muy valioso. La Serpiente, con su algo esquivo de «cuidado-y-te-equivocas», recompuso sus partes y, dando dos o tres patadas a la palanca que hace accionar el motor, alzó el vuelo devenida en gárgola, para perderse entre los recovecos del laberinto.

El taxista, un viejo fuerte y sesentón de guayabera y gorra, se bajó del carro y cruzó de prisa la calle, pensando cuál sería el hospital más cercano. Menos aturdida y más atemorizada, Andrea pudo sentir el grito de cada uno de sus huesos. El taxista la cargó mientras le decía a Mariela que en diez minutos estarían en un hospital. Andrea nunca había cruzado el laberinto desde el aire. El taxista no cobró la carrera.

Días después, desde el hospital, Andrea incorporó a los Héroes a su cosmogonía personal.

Para hacer reír a Dios

Los modos preferidos de Caracas son «infernal» y «pesadillesco». De día atormenta y de noche aterra. Al que se queje del corneteo, de los carros sobre el rayado y de los buses recogiendo pasajeros donde les viene en gana, le convendría quedarse en casa en cuanto el reloj se acerque a las diez de la noche.

El que esté harto del infierno que mejor no conozca la pesadilla.

Presta atención, aguza el oído, afina la vista. Olfatéala en el aire ¿La sientes? Siempre está ahí. La Muerte es de los pocos servicios a tiempo completo que tiene este valle que, visto con la suficiente distancia, engaña cruelmente con su belleza.

De lejos, generalmente fresco y cubierto de verdes y azules que conmueven. De cerca, desde adentro, desde la pegajosa mancha de la acera y la oscuridad del poste apagado, es el decorado de historias que tatuarán en el alma del no iniciado una indeleble certeza: mejor es no asomarse.

Allí, cuando te confías, aparece la Ama y Señora de estos predios, febril y hacendosa con sus turnos de 24 horas, incluyendo feriados.

¿Quién, además de la Muerte, podría estar trabajando un 25 de diciembre, cerca de las dos de la mañana? El solitario conductor de un Aveo gris, que bajaba por las calles de Manicomio, juraba que los empleados de la estación de servicio PDV Sucre. Así lo aseguraba al menos su gran letrero luminoso donde destaca la frase «24 horas». Por recordarlo fue que esa madrugada, luego de celebrar con sus hijos y su esposa, y de pasar a saludar a unos amigos que vivían cerca de su casa, en la calle Termópilas en La Pastora, bajó hasta la avenida Sucre a cambiar el caucho delantero izquierdo, que estaba perdiendo aire. Quería tener el carro en perfecto estado porque planeaba llevar a la familia a la playa en cuanto amaneciera.

Dicen que si quieres hacer reír a Dios, solo debes contarle tus planes.

Los vecinos de la estación de servicio escucharon cinco detonaciones de un arma automática. Quienes las oyen rutinariamente saben diferenciarlas de, por ejemplo, los «fosforitos». Un sonido (más bien dos por vez, apenas distinguibles) metálico y seco, como si se fracturara algo en el aire. Un sonido que escuchado de cerca activa las alertas. Los celulares de los chicos que estaban en las calles cercanas comenzaron a repicar. «¿Qué? Sí, yo oí, pero no fue aquí. Sí, yo estoy mosca, tranquila...» fue más o menos la secuencia con la que despacharon a sus madres.

Inmediatamente después de los disparos, un par de motorizados con sus respectivos parrilleros doblaron con prisa en la esquina de la estación de servicio con dirección a Manicomio.

Y se los tragó la noche.

Tres hipótesis (en ausencia de testigos) desvían la linealidad de la historia: a) lo andaban buscando y lo encontraron; b) lo iban a atracar y el alcohol lo volvió invencible, o c) le iban a quitar el carro y, al descubrir que tenía un caucho malo, pagaron su frustración con la víctima*.

La gente que se asomó a sus ventanas luego de aplacados los tiros, pudo ver un Aveo en la cauchera con la puerta del conductor abierta y las luces intermitentes encendidas. Junto al carro, el cuerpo de un hombre moreno, joven, de contextura gruesa, acostado boca abajo, mientras un lago oscuro y espeso salía de su cuerpo.

En ese trayecto de varias cuadras entre su casa y la estación de servicio nadie lo vio, acudiendo puntual a su cita, mientras atravesaba calles apiñadas de casas con ventanas festivas, puertas abiertas y muchachos jugando en los callejones.

Quizá ya estaba fuera del tiempo y no lo sabía.

Los zamuros son animales cobardes. Divisan a su potencial víctima por la ausencia de movimiento. Una vez detectada, van cerrando los círculos de su vuelo, de a poco, hasta que la certeza los anima a aterrizar. Se sitúan a una distancia prudencial y se van acercando con demorada cautela, hasta que dan picotazos al cadáver abandonado por algún depredador satisfecho. ¿Será por tan innoble proceder que no hay equipo deportivo llamado los Zamuros de Ningunaparte?

Los tres zamuros que salieron a escena procedieron con idéntica maña. Se acercaban por turno al hombre agonizante y volvían a conferenciar al sitio en el que se reunían. Cada vez más frecuentes, cada vez más cercanos, hasta que uno de

---

* Una cuarta hipótesis plantea que, en medio de la oscuridad, no notó, al bajarse del carro, a los cuatro hampones que estarían forzando la oficina de la cauchera. Al sentirse descubiertos, lo abatieron y huyeron.

ellos llegó junto al cuerpo aún tibio. Convencido al fin de que no había peligro, tras un breve paneo en torno, trasladó la cartera del bolsillo del moribundo a la suya. Luego echaría una fugaz mirada al interior del carro y, al no detectar nada de valor en su superficie, se alejó en dubitativo vuelo.

Como suele suceder, la Policía llegó después de mil llamadas de los vecinos. Cargaron el cadáver con inútil diligencia y lo llevaron a algún hospital (quizá a dos o a tres) antes de dejarlo en el de Los Magallanes, donde el lapidario diagnóstico sería el de costumbre: «Ingresó sin signos vitales».

Se queja Sabina, en una línea de «Eclipse de mar»: «En el diario no hablaban de ti». No lo hará nunca, porque nunca dirá las cosas que íntimamente nos incumben. Ni siquiera se dignará a contar nuestros sucesos con la merecida precisión. Cosas de la prisa y la distancia, quizá. El 27 de diciembre, a dos días de la pesadilla de una familia en fecha tan recordable, luego de esperar en vela, de angustiarse y darse ánimo, de confiar y de derrumbarse ante los presentimientos, de pensar en presente en alguien que se volvía pasado a los pies de los zamuros que se hacían de lo único que hubiese facilitado identificar al cadáver, algún diario informaba, con la pésima redacción de una guardia de 26 de diciembre en la noche, que se presume «que lo asesinaron para robarlo, sin embargo solo fue despojado de su cartera, las demás pertenencias entre las cuales estaban un celular BlackBerry, 250 en efectivo y el carro fueron dejados en el sitio».

Devolviendo las cosas de playa del bolso a sus gavetas, la viuda planeará mudarse de esa zona. No soportará la idea de caminar por esas calles sin saber si se tropieza a diario con el que acabó con la vida de su marido. Su cuñado, alimentando una rabia que no lo dejó llorar, planeará minuciosamente lo que hará con los asesinos en cuanto dé con ellos. En el patio de la casa quedaron apilados varios sacos de cemento. El occiso planeaba «tirar» la platabanda para hacer en el segundo piso un cuarto más grande para los muchachos.

Ajena a los planes de los hombres, la Muerte seguirá haciendo su incansable trabajo. A los oídos de Dios (su socio), seguirán llegando esos planes.

Y se le hará tan difícil reprimir la risa.

El apartamento de Altavista

LA SEÑORA LO CUENTA COMO SI HUBIESE OCURRIDO hace menos de cuarenta minutos. Pero ocurrió hace más de cuarenta años. Lo cuenta y se pone tan bella como cuando tenía veinte. «Aunque creo recordar que aún no los habíamos cumplido», aclara con sonrisa coqueta. Apenas se casaron consiguieron un apartamentico en Altavista. «Eso fue en 1963. En esa época se podía vivir tranquilo por esa zona –recuerda–. Hasta paseábamos por los alrededores en las tardecitas». Y evoca los carros, las tiendas y las vecinas que veían en ellos pasar la propia inocencia marchita.

El apartamento se veía tan bello, aunque la verdad es que lo único bonito era lo enamorados que estaban, y que el sol entraba por las mañanas precedido por cantos de golondrinas alborotadas por la lluvia. Es decir, era perfecto. Solo tenían un *box*, que les regaló la suegra, y la cocina.

Un día, resueltos a equipar la casa de sus futuros hijos (él decía que quería como cuatro y a ella le bastaban dos), se metieron en La Liberal y se encapricharon con un juego de comedor y un recibo. Todo lo hacían porque les provocaba. Pagaron el primer giro y se los llevaron al apartamento que lo único que tenía de especial, como razona ahora, era que estaban enamorados.

—¿Tú crees que yo me acuerdo si pagábamos los giros o no? Lo único que recuerdo era que por todo nos reíamos y que un día, en el preciso momento en que nos disponíamos a almorzar, llegó el camión de La Liberal y se llevó los muebles. ¿Que qué hicimos? Nos echamos a reír y a partir de ese día comíamos en la cama.

Será porque los recuerdos hermosos tienen una paleta de sesenta y cuatro mil colores, que fue la única que no se opuso a que la nieta se casara. Y menos por ese vulgar argumento de que «no están económicamente estables».

Sabiduría, llaman a esa capacidad de recordar lo bueno y lo malo, y de encontrar siempre la manera de quedar con saldo a favor.

Una afeitadora de dos hojillas

Don't try to push your luck, just get out of my way
AC/DC

Señalaba Jonathan Jakubowicz, en una de las tantas entrevistas concedidas luego del estreno de *Secuestro Express*, que una de las experiencias más impresionantes durante la filmación de esa película (palabras más, palabras menos), fue haber pasado tanto tiempo rodando dentro de una camioneta repleta de armas, atravesando Caracas, sin haber sido detectados por autoridad alguna.

Es decir, ¿si no estuviesen filmando una película...?

Demos una vuelta de tuerca a la pregunta. ¿Cuántas escenas similares se ruedan a diario en Caracas sin que ninguna autoridad detecte actividad sospechosa en ello, ni se escuche jamás el clásico «¡Corten!» del director?

Ese es el punto.

El problema de la violencia en Caracas no es la gran cantidad de «armas-en-manos-de-civiles» (que ya es un problema), sino la gran cantidad de «armas-en-manos-de-civiles» que no están sujetas a control ni a forma alguna de detección.

Y, en último caso, el problema de la violencia en Caracas es sí, el anterior, subrayando que estamos hablando de nosotros, de sangre caribeña, de demasiado calor y ruido como para ejercer el hábito de la reflexión. Estamos hablando de un pueblo poco cultivado en el arte de convivir con respeto y de gente que acumula sus decenas de rabias en ese lapso que va entre quitar y poner su cabeza sobre la almohada. Estamos hablando de la cuna de la expresión «no me calo malandreo de nadie».

En ese contexto, el sorteo diario que se canta en Caracas (te gusten o no los juegos de azar) no es de la lotería del Táchira ni de Oriente ni de Zulia.

Es el de la Balaperdida.

Y si ya ese es un problema con el que se lidia a diario, ¿con qué fin buscarse una bala con entrega inmediata, una bala voluntariamente personalizada?

Por eso, si alguna sensatez roza la sabiduría en esta ciudad aturdida, es la de no anotarse en ambas rifas a un mismo tiempo: la de las balas perdidas y la de las hechas a la medida. En la primera todos estamos anotados, queramos o no.

O sea, es una afeitadora de dos hojillas.

Martes. El reloj se acerca a las doce de la noche. La estación de servicio está a oscuras. El depósito de la cauchera está abierto. El cauchero toma cervezas en la gasolinera con un avance que está lavando su microbús, como si estuvieran en el patio de su casa. Un flaco va pasando y siente que no puede dejar escapar ese negocio. Mide la distancia del cauchero al depósito y del depósito a la pared de atrás. Se dice que sí y resuelve llamar a un compinche. En menos de cinco minutos están preparando la incursión. En silencio, trepando por la pared, logran sacar dos cauchos nuevos hasta la calle de atrás. Resultó tan fácil que se ponen ambiciosos.

—En cuanto los encaletemos venimos por más, diablo.

–Sí va –le dice el otro.

Un carro pasa. Al volante, un señor cincuentón, grueso, con chaqueta. Se detiene. No se ve muy atildado, pero pregunta de forma amable, por la ventana:

–¿Qué pasó, chamos? ¿Y esos cauchos?

Uno de los flaquitos, más rápido que el otro, contesta sin levantar la vista:

–Los compramos.

–¿Los compraron? –pregunta el viejo afable. Aprieta un botón que abre la maleta y en un rápido movimiento está afuera. Ahora es un señor bien vestido que lleva en la mano un pistolón larguísimo. Negro como los presagios. Con esa mano señala hacia atrás.

Está abierta. Pónganlos ahí y se van al trote, antes que les queme el culo.

Miércoles. Cerca de las cinco de la tarde. Comienza la hora del ventilador. Todas las nenas que regresan de su trabajo pasan por esa calle. Un tipo va con la novia. Es una flaca bonita y nerviosa. Dos tipos de entre treinta y cuarenta están parados en una esquina. De pantalón y chaqueta (en otra época entrompaban bancos, según dicen por ahí). «¡Pero qué muñecota tan bella!», comenta uno de los dos, y siguen conversando. La novia se indigna. El novio se indigna. Se detienen y manifiestan su indignación a viva voz. El novio (lo que hace un hombre por una mujer) tartamudea, pero la complace. Su cara de gallo les da lástima. Casi risa. Se disculpan galantemente, advirtiendo que no fue vulgar su piropo. El novio insiste en hacerse el ofendido. Es un ping-pong que a los tipos se les antoja tierno, pero que los impacienta antes de finalizar el primer set. Comienzan a variar el amable tono de sus voces. El gago siente que está quedando bien parado ante la novia. Que puede pujar otro poco. Para los espectadores está abusando, pero él sabrá...

Va bien, hasta que ve dos cañones de guerra en formato portátil salir de las chaquetas. Los tipos educados tienen ahora una fría expresión asesina.

—Te pierdes o te metemos taladro, que estamos viendo culitos.

Jueves. Diez de la mañana. Pocos puestos dónde estacionar, como siempre. La rutina es dar vueltas por el estacionamiento hasta encontrar uno. Menos mal que aquí la gasolina es más barata que el agua. Se desocupa uno y un carro se detiene unos dos metros adelante y pone la caja en retroceso, para estacionarse. Es un tipo parsimonioso. Detrás viene un *baby-jama* en una camioneta. Vio el puesto y sintió que le daba chance de poner en práctica su viveza criolla. Aceleró y se metió de frente. El caballero, que no vio luz, se bajó ostensiblemente indignado.

—¿Coño, tú no viste que yo me estaba cuadrando para estacionar? —le grita.

—Yo no —dijo el *baby-jama* con desdén, sacando el reproductor.

—¡Coño, vale, tú si eres abusador! —le dice por la ventana.

—Yo sí —respondió alegre, subiendo los vidrios eléctricos.

—Tú sí eres arrecho —escuchó decir y lo vio perderse en dirección a su carro.

Oír una, dos, tres detonaciones y sentir que la camioneta se estremecía y se inclinaba a un lado fueron acciones encadenadas. Un par de tenazas heladas le apretaban el cuello al ritmo del corazón. Por el parabrisas vio que todo el mundo lo miraba con asombro. A través de un pito en el oído escuchó, antes de verlo, al flaco (que luego apareció inmenso, titánico), con un poderoso tubo negro en la mano, del que todavía salía humo:

–Ahora te quedas con el puesto, pero buscas al cauchero, mamagüevo.

No se atrevió a moverse. Ni aun después de ver por el retrovisor al flaco montarse en su carro, dar un portazo y arrancar haciendo chillar las ruedas. Le gente seguía viendo y a él le daba pena salir a evaluar el daño.

Tenía el pantalón mojado.

Por eso, va un consejo (y este entra dentro de la promoción, pero el siguiente sí se paga): calma el Caribe. Contén el gesto. Mide las palabras. Respeta al otro. Shhh, baja la voz, que es por tu bien. Pierde ese feo hábito de manotear. No te creas más pilas que los demás. Abandona esa fantasía de que eres el más malo. No mires así, largo y a los ojos, que «macho» no llega a viejo.

Demasiada, demasiada testosterona para alcanzar la cola de la pensión.

Que no te lo tengan que recordar, que aquí nadie habla dos veces: esto es Caracas. Noventa y tres por ciento de homicidios impunes. Cincuenta muertos por fin de semana. Decenas de miles de armas, legales y no, paseándose por la ciudad, invisibles debajo de camisas, asientos, chaquetas; dentro de koalas y morrales. Gatillos alegres, blancos pálidos. ¿Las cajas de balas? ¡Ja! Esas se cambian a pelo por unos cuantos gramos de perico. Y ese mercado no para.

Lo dice nuestra historia: si algo hemos producido en este país, es inútiles y ausentes arrechos. «Un minuto de silencio por el último arrecho».

Y es una cola larga.

¿Quieres aprender a controlar el gesto, a tener un carácter flemático, respetuoso del prójimo? Pásate unos días aquí. Caracas es una escuela gratuita, cuya oficina del director está en Bello Monte.

Y hay cola.

La reposada hidalguía de un monarca anciano

A Manchas

LA ABRUPTA SACUDIDA DE UN CAMIÓN rompió el silencio de la madrugada. Como si hubiese sido bruscamente liberado, un alarido cubrió todos los rincones de esa noche húmeda, arrancando a los vecinos de su sueño.

Ese es uno de esos sonidos ante los cuales nadie puede permanecer inmutable. La gente reconoce, en esa manifestación del dolor, su propia condición animal.

En la oscuridad del edificio cercano se inició una erupción de recuadros amarillos que enmarcaban siluetas. Una, dos, varias figuritas por recuadro, tratando de ubicar el origen del chillido. En la avenida se destacaba la solitaria figura de un aturdido perrito blanco con manchas canela que intentaba llegar hasta la acera, sin que la mitad posterior de su cuerpo cooperara en lo absoluto.

Sería ideal continuar el relato con la escena de un vecino bajando a aligerarle, no sus severos traumatismos y fracturas, sino su soledad. Contar cómo le ofreció primeros auxilios y una manta. Pero la verdad es que la gente llega a su casa y se atrinchera. La gente común teme y recela porque ya bastante tiene con los *rounds* cotidianos.

89

Se entiende, después de todo, esto es Caracas y no un decorado de película.

Al cabo de unos minutos las ventanas comenzaron a mimetizarse nuevamente en el gris luna del edificio. Se viese desde donde se viese, el diagnóstico era el mismo. El daño lucía severo, irreversible. Al perrito solo lo callaría la muerte, sentenciaban resignados antes de volver a la cama. A desear, piadosamente, que fuese breve. A intentar arañar los restos del interrumpido descanso.

A la mañana siguiente, para sorpresa de los vecinos, el cachorro seguía vivo. Formalmente vivo. Aunque, evaluadas *in situ*, las lesiones lucían tan graves como sospechaban desde sus ventanas. O quizá más. Sin embargo, según las cuentas, tanto el perro como el tema del perro difícilmente pasarían de ese día. Mientras todos coincidían en ello, postrado en la esquina a la que había logrado arrastrarse (todavía empapado de lluvia), los veía pasar desde ese tránsito del aturdimiento a la resignación.

Y, con todas las apuestas en su contra, se acercaba a la noche, impasible, recogido en su silencio. Sorprendidos de su fortaleza, antes de culminar la jornada y retirarse a sus casas, los muchachos del autolavado se compadecieron y le dejaron dos platos improvisados a tiro de hocico: uno con un poco de arroz con carne molida, y otro con agua.

Era una de esas frías noches de febrero. Llovió uniforme y empecinadamente hasta que amaneció. La mitad del cuerpo del perro quedó expuesta a la lluvia, a pesar de los cartones con que lo cubrieron. Y ni siquiera por eso gastaba energías en moverse.

Cuando el sol logró colar sus primeros rayos a través

de la espesa capa plomiza de las nubes, el perro seguía ahí, mojado y desconcertado. Apenas haciendo los movimientos imprescindibles para administrar el pedacito de vida que aún lograba sujetar.

Llovió duro y con frío durante las tres noches siguientes. Antes de las nueve, las calles ya se quedaban desiertas. A las diez, en los apartamentos cercanos, la gente se preparaba para dormir, se amaba rabiosamente, veía televisión, peleaba, se amenazaba con un amor eterno o con una ruptura irreconciliable, y hasta le hablaba a la soledad de las paredes. Todos al abrigo de esa lluvia helada.

De cuando en cuando algún alma compasiva se asomaba a la ventana y, luego de observar un rato al cachorro, movía la cabeza con triste resignación. Y trataba de olvidarlo.

Y seguía amaneciendo y seguía lloviendo y su vida insistía en aferrarse a ese cuerpo. Ya pocos viandantes reparaban en él. Los que lo hacían, los que se asomaban a sus ojos, se encontraban con la más penetrante definición de la palabra soledad. Una joven esposa, colmada en sus hormonas de sentimiento maternal, no pudiendo aguantar más la escena de esa callada lucha contra la muerte, le dijo a su marido que buscaría a un veterinario «para que lo duerma».

—Repite eso imaginando que estás frente a un veterinario para ver si te suena razonable —fue la respuesta del marido—. ¿No ves que ya se está «durmiendo»?

Pero la vida está llena de peros que siempre dan motivos para querer leer el siguiente capítulo. En ese siguiente capítulo el perrito sorprendió un día a los vecinos animándose a arrastrarse para protegerse del sol o la lluvia. Otro día se puso en pie. A los pocos, asombrosamente ya renqueaba y daba cortos paseos. Y cuando ya los vecinos juraban que el portento se había consumado y se resignaban a que ese cómico garabato renco sería un vecino más de la zona, poco a poco logró articular sus patas traseras.

A ese afán por no querer arrastrarse le llaman dignidad.

De pronto se le vio sumarse a las bandas de perros callejeros en sus malandros paseos por la avenida, y hasta participar en las contiendas por satisfacer el ciclo de la vida. ¿Qué astuto dios es ese que asegura mayor presencia de machos en las jaurías callejeras para garantizar una descendencia de campeones?

Y creció robusto. Y se convirtió en un consumado *street fighter*. Y un día, como si ya hubiera visto todo lo que podía ofrecer la calle, comenzó a sentir apatía por acompañar la jauría que deambulaba por la zona. Lo alcanzó el tedio, a la sensatez, la madurez, o sea lo que fuese que lo volvió sedentario y casero.

Y parecía feliz con esa decisión.

Las encrucijadas cardinales de nuestras vidas las atravesamos sin advertirlo. Ya son pocos los vecinos que recuerdan esa madrugada en que un perrito los despertó con sus aullidos de dolor. Y pocos asociarían a ese perro con trazas de cierto linaje develadas en su porte, con aquel perrito que nadie se explica cómo fue que no se murió.

Quizá aquella noche se estrenaba en la calle. Quizá un movimiento inesperado lo arrancó para siempre del hogar en el que vivía. Quizá alguien decidió torcer su destino. Lo cierto es que esa otra vida que tuvo antes de ese accidente debe traspasar sus recuerdos como un sueño confuso, como un inusual ejercicio de imaginación.

En la zona lo ven como un miembro más de la comunidad. Es, más bien, una responsabilidad colectiva que ejecutan la señora de la papelería, el mecánico del negocio contiguo y los muchachos del autolavado. Presumiendo que ya lo tenía, nadie se animó a ponerle nombre. Su comunicación con él se sustenta en tres voces: «¡Ya!», cuando excede su celo en mantener a raya a los piedreros; «¡Ven!», cuando llega la hora de la comida, y «¡Sale!», cuando toca cerrar los negocios. Esas tres palabras inalterables, repetidas día tras día, renuevan y consolidan el contrato afectivo. Corresponden a decir: «Tal como hoy y ayer y antier, mañana también estaremos aquí».

Hace años encontró en ese pedazo de acera su hogar. El que se detiene a observarlo, ve en esa mirada algo majestuoso y hondo. Ve la panorámica de una vida que, a este lado del camino, expresa un complejo sentimiento humano. Es algo conmovedor que si hubiera que darle nombre, sería sabiduría. La sabiduría de haber entendido algo, después de todo. Algo que le da a su semblante la reposada hidalguía de un monarca anciano.

El que alguna vez reconoció en aquel alarido su propia condición animal; se estremece al advertir en esos ojos su propia naturaleza humana.

¿Y a ti no te gusta el reguetón?

Hay en las óperas de Cherubini un soplo revolucionario
raramente alcanzado en el debate político. Joplin, Dylan
o Hendrix dicen más sobre el sueño liberador de los años
sesenta que ninguna teoría de la crisis.

JACQUES ATTALI

OESTE PROFUNDO DE LA CIUDAD. Unos tipos del color de la acera buscan con desespero entre bolsas de basura. Cada bolsa abierta sangra un líquido entre amarillo y marrón, viscoso, que riega un charco pegajoso. Los perros esperan que los monstruos grises de ojos de rata abandonen el botín para echar un ojo. O una nariz. Cuando consiguen algo comestible, lo despachan de inmediato. A diferencia de los perros, los otros se ayudan con las manos. Según cuenta Paul Auster, en Nueva York, M.S. Fogg les ponía nombres pintorescos y crueles: restaurantes cilíndricos, cenas de la suerte, paquetes de asistencia municipal... Pero eso es en Nueva York. Aquí la basura se amontona en las calles y el que quiera tentar la suerte puede darle a manos llenas. ¿Quién dice que no hay abundancia?

Unas chamitas, de unos trece, catorce años, caminan por la calle y se detienen en las esquinas. Están gorditas. La mala alimentación está causando estragos en las arquetípicas formas de las venezolanas. Usan unas falditas cortísimas y de la cotica se asoman sus precoces barriguitas morenas. En los alrededores de la bomba* hay varias bandas. Llegaron como a las seis, cuando volvían del trabajo, y se fueron agrupando. Ya son las diez y siguen ahí, aunque ya cerraron La Tiendita. Temprano, cosa rara. Parece que la Guardia quiso aumentar la tarifa y no alcanzaron ningún acuerdo con los dueños. Entonces, «les aplicaron» la ley.

Unas señoras, que seguro trabajan en oficinas del Este, con las últimas *perolas* en la mano, están sentadas en los muritos de los alrededores de la bomba de vidrieras dormidas. La oferta gastronómica en torno a ellas es variada: pinchos, perros calientes, parrillas, *alochinolumpia*. Y los comensales son agradecidos y generosos. Una pareja come sobre el asiento de su moto, sentados en unos banquitos. Si es por ellos, podrían estar en cualquier exquisito restaurante del Este y el ambiente sería el mismo. De cuando en cuando estalla un peo y nadie, más allá de echar un ojo y estar alerta al momento de agachar la cabeza, parece conmoverse especialmente ante ninguno. En media hora se caerán a botellazos unos borrachos, en una hora pelearán dos jugadores de caballos, en hora y media dos piedreros dirimirán la propiedad de una plancha como se hace cuando se acaban los argumentos, en dos horas se darán dos pescozones por diferencias políticas.

Al otro extremo de la ciudad, a partir de esa hora, las discotecas comienzan a llenarse. Las chicas son todas idénticas: risa boba, *lolas* artificiales calcadas del formato estándar de las modelos de los videoclips de moda, tatuaje horizontal en la parte de abajo de la espalda, hilos que se ven cuando se

---

* Ese es, quizá, uno de los venezolanismos más insólitos de cuantos tenemos. Bomba es estación de servicio, o simplemente gasolinera. Salvador Fleján lo expone acertadamente en su cuento «Ovnibus» cuando un venezolano, rodando por una carretera de Florida junto a algunos lugareños, pregunta: «¿Cuánto falta para una bomba?». Eddy se asustó. «'Bomba' le sonaba más a tipos con turbantes y ametralladoras, que a la mezcla vernácula de gasolina con agua, sándwich de pernil y ositos de peluche».

agachan, pantalones que nadie se explica cómo no se caen, las mismas blusitas que dejan ver los mismos ombligos perforados. El mismo tinte de cabello, el mismo maquillaje, las mismas estrambóticas uñas de mentira y las mismas cejas despobladas. Es el *look* perreo. O güircha. O loba.

Unos tipos con graves problemas de dicción y pobrísimo vocabulario, escupen a través de las cornetas amenazas acerca de lo que piensan hacerle en la cama a sus parejas ocasionales. A juzgar por el portento de la amenaza, sin Viagra parece poco probable que no estén fanfarroneando. Y que no vayan a quedar mal.

El que no tenga carro no levanta. Tarjeta que no *aguante coñazos* es mala compañía. Ahí todo suena tan real como la escandalosa firmeza de esos pechos que bailan. En ese ambiente soso todas esas amenazas suenan afeminadas. Los tipos que pretenden tener *tumbao* de chicos malos, suenan a comercial de Fortuna.

Volvamos al Lejano Oeste. A pesar de la hora y de que las licorerías ya están cerradas, un tipo decide bajar a la avenida a ver dónde puede comprar cervezas.

–¿Puedo ir contigo? –le pregunta el hijo de unos doce años, que escucha reguetón en sus audífonos.

El tipo hace un recorrido mental por las calles que se ha cansado de patear. Está a punto de decir que no. Luego prevalece el sentido pedagógico.

–Vente, pues –le dice–. Pero es tarde y tienes que estar mosca.

Salen a la aventura de patear calles malandras, como el que sale de excursión. Caminan entre montañas de basura y monstruos de estómago de zamuro. Entre motorizados malandros y policías malandros. Entre guerras de botellas y redadas de rebusque. Entre carajitas gorditas enseñando sus ombligos. El chamo camina apurado, en silencio, aterrado. El papá se percata.

—¿Qué pasó? —pregunta.

—Nada —dice el chamo, pero su cara hace tiempo que habló por él.

—¿Y a ti no te gusta el reguetón, pues? ¿Tú no eres un tipo duro?

El chamo intenta sonreír, mientras caminan, esquivando la violencia que pulula en torno a ellos como moscas en los basureros.

Son las tres, cuatro de la mañana. Los tipos con fantasía de duros, las tipas con fantasías de *cachorritamamá*, salen de las discotecas. Atrás dejaron la fantasía de perreo y el contenido de sus carteras. También dejaron la dureza. En las calles, trasnochadas y borrachas, se ven patéticas. Patéticas a secas, sin ningún adorno. Ya la pinta no aguanta una foto. Como las papitas de McDonalds, se desinflan, se marchitan en cosa de horas. En breve las cornetas se apagarán para dormir, hasta esa noche. Mientras tanto, el reguetón de verdad, el que sangra y pasa hambre y alucina con sustancias baratas que intoxican el organismo, dejó al otro lado su reguero de pólvora, sangre, locura…

Cuando el chamo explorador regresa a salvo a su casa, no volverá a escuchar con la misma inocencia esa música barata y monótona que está de moda. «¿Y a ti no te gusta el reguetón?», escuchará de la voz de su papá.

—¡Ese viejo sí es rata! —comentará sonriendo, mientras de sus audífonos escapan malandros, basura, piedra y botellas rotas. Es decir, lo que de verdad es y no solo lo que se cree ver.

Como en un Aleph de pesadilla

Yo siempre viví en la boca del diablo:
naciendo, muriendo y resucitando
FITO PÁEZ

NADIE ESCOGE LA VIDA QUE LE TOCA. Nadie escoge las circunstancias ni el momento en esta película de función continua. Atravesar la ciudad todos los días a cambio de un tímido salario, por ejemplo, no es una escogencia. Por no haber tenido tiempo de detenerse a pensar demasiado en eso, Adelaida lo había estado haciendo durante los últimos treinta y siete años de su vida.

Tampoco es que haya sido una gratuita insensatez. Es que cuando los especialistas le dijeron que Juan Ernesto había alcanzado a los siete años su tope de desarrollo intelectual, entendió claramente que le dijeron: «Olvídate del relevo generacional», por lo que optó por no pensar más en el tema.

De eso hace suficiente tiempo como para haberse acostumbrado.

Que, bien visto, acostumbrarse también es una forma de escoger.

Su día empieza a las cinco de la mañana. Camino a la estación los inquilinos de la acera duermen como bolsas de basura. En grupos sobre periódicos, en bancos de concreto, en escalones de acceso a edificios públicos, en rincones escondidos, ese caos silente que componen semeja la tregua de un virulento combate.

Pero con mugre donde debía haber sangre.

Se les ve en cualquier parte. Duermen al descampado. Los arropa, enorme como la carpa de un circo, la perorata política que se adueñó de los medios, de las acaloradas discusiones en las esquinas. De los pensamientos.

Debajo de esa carpa, sepultada más que escondida, palpita Caracas. Y debajo, está la ciudad invisible a esas peroratas: la comuna de niños callejeros de Los Dos Caminos, por ejemplo. O la comarca de «piedreritas» (flacas hasta la grima, sucias hasta la lástima) que pernoctan entre Santa Rosa y Quebrada Honda. O cualquiera de los refugios de víctimas radiactivas en que se convierten, apenas las atraviesa la medianoche, las avenidas salvajes de Caracas, las bases de los elevados, los alrededores de algunas estaciones de Metro...

Adelaida es tostada y seca. Huesuda. La edad le resbala por sus formas magras. Siempre se supo fea. Bueno, no siempre. Ese «no siempre» le duró poco, y ese poco vive ahora en un plano que tiene la textura de los sueños. Va en el Metro con su muchacho. Lo lleva a consulta. Después de casi treinta años en esa rutina, el único relevo generacional que ha conocido es el de los médicos que lo han tratado.

Juan Ernesto observa todo con genuina curiosidad. Tiene un bigotito preadolescente y, aunque ya se está quedando calvo, su timbre de voz es una flauta púber. Su aspecto es un cóctel hecho con formas que se pasmaron con otras en declive. Conversan y juegan y sus reacciones calzan con la edad que los especialistas calculan a su cerebro.

Ella, ni qué decirlo, está enamorada. Es una esclava dichosa que tiene que vestirlo (los pantalones sobre la cintura lo delatan), pero tiene más que muchas mujeres que conoce: un muchachote que nunca se le va a ir con otra. Es, como se dijo, una madre enamorada.

Y él, un feliz niño viejo.

Ella conversa con una señora y él juega con el celular que ella le regaló en su cumpleaños. Barato, pero con muchos colores y un par de juegos. Van a visitar a su amigo el médico. Su mamá no fue al trabajo y no hay prisa. Escucha su voz hablando y riendo y siente su mano reposando cálida sobre el muslo, como si la vida silbara una canción conocida.

El Enano no tiene partida de nacimiento y mucho menos cédula de identidad. Decir que nació en la calle no es una metáfora demasiado exagerada. Es una afirmación prácticamente literal. No tiene edad oficial ni día de cumpleaños. Debe tener un poco más de diez, pero su aspecto desafía todo parámetro sensato.

Como se ve, la calle está llena de insensatos involuntarios.

Su rutina diaria es pedir dinero en el Metro. Nominalmente, porque tiene un ojo prodigioso para «las partes blandas». Nadie como él para notar una lonchera descuidada, un BlackBerry a tiro, un cierre de cartera parcialmente abierto. El hambre inagotable es el más ardiente de los estímulos. Un diálogo íntimo de poderosos instintos en el que no media el intelecto. Como los grandes cazadores: hambre y ojo, hambre y músculo, hambre y garra…

Esa mañana despertó con el hambre afilada. Es decir, con los instintos afilados. Tanto, que apenas entró al vagón sintió una sensual brisa tibia en los costados halándolo con insistencia en una dirección.

Oteó por todo el vagón para anticiparse al sitio que lo arrastraba...

Y de pronto lo vio.

Un regalo de la calle, no muy dada a ternezas. Era todo partes blandas. Casi invertebrado. Jugaba con un teléfono con tal nivel de vulnerabilidad que parecía una trampa. Pero, como se dijo, en esa coreografía del ataque no media el intelecto, sino el impulso.

Presto al ataque, se acercó pidiendo dinero sin quitarle la vista de encima. Esa vista lateral, que no ve sino que vigila.

Dicen que los ojos son las ventanas del alma. Cuando sus miradas se cruzaron, Juan Ernesto se asomó a esas de las que Adelaida, que mantenía en él su último bastión liberado de la mierda de la vida, lo había estado protegiendo durante casi treinta años.

Al hacerlo, como en un Aleph de pesadilla, Juan Ernesto vio (descubrió) calles oscuras, infinitos recovecos invariablemente sucios, sexo escondido y sexo forzado, algo detrás de un árbol que no se ve bien pero que asusta, montañas de basura, un borracho en el piso pidiendo auxilio, medio perrocaliente en un pipote, unas ratas robustas comiéndose vivo a un cachorrito de gato, una cartera vacía tirada en la cuneta, caras tensas que evaden proximidades, los escondites que guardan los tesoros robados a los transeúntes, dedos que amenazan, patadas sobre la cara, un palo haciendo *swing*, tipos de azul acercándose con caras de risas torvas, tipos llamando detrás de un rincón con caras ávidas, un tambor retumbando en los oídos queriendo decir «no vayas», manos hurgando entre bolsillos, batidas a puñal que no siempre se ganaron... Y los curiosos dibujos que hace la sangre sobre la acera.

En tanto se acercaba, en tanto esos dos universos invisibles convergieron, Juan Ernesto comenzó a sentir un mareo y una cosquilla en el cuerpo que iban resultando en espasmos imposibles de controlar. La cara de El Enano tenía una sonrisa que no se parecía a las del médico ni a las de las amigas de Adelaida. Era risa en la boca, pero rabia en los ojos. El Enano le quitó el celular con tal seguridad, que cuando Juan Ernesto entendió que de ello dependía que se fueran los temblores, se alegró de entregárselo.

En la calle dicen que El Enano tiene futuro. Nadie como él para medir los tiempos. Arrebatarle el celular y que el tono de cierre de puertas estuviese en la cuenta regresiva fue una perfecta puesta en escena. El hijo de Adelaida vio al niño con su teléfono en la mano a través del vidrio. Vio la puerta cerrarse y entendió de golpe qué significaba la expresión «para siempre». Escuchar a su mamá preguntarle dulcemente «Qué pasó» fue cerrar, como las puertas del vagón, esa ventana que le dejó todo el zumo agrio del lado de adentro del corazón.

Tratando de respirar sumergido en esas aguas desconocidas, escuchó de manera entrecortada una voz de flauta explicarle a la mamá algo sobre un niño y su celular nuevo. Y escuchó también, a lo lejos, risas y cuchicheos que le produjeron un extraño ofuscamiento en el pecho.

—¿Viste como se puso a llorar ese viejo? —comentó entre risitas ahogadas una chica a sus compañeros aprendices bancarios.

—Y no te pierdas los pantalones, marica —comentó otra.

El resto del vagón no entendió por qué ese señor lloraba ni por qué esos adolescentes se burlaban de él.

Del aumento

A LA CHICA NUEVA DE CONTABILIDAD, la que tiene un poco menos de seis meses en ese departamento, esa que va al trabajo con unas falditas que tienen enferma a media oficina, la vieron el domingo en el Sambil.

Dos carajitos, uno como de cuatro y otro bebecito, informó un derrotado Salazar.

Están almorzando en el cuartito del microondas. En la tapa del aparato se lee la orden: «NO calentar sardinas», escrito con marcador en un cartoncito. Los demás no lo podían creer. Lo de la chica, claro. Salazar se sentía importante al soltar esa primicia. Esa tragedia colectiva. La primera reacción del grupo ante la noticia fue, arrugando la cara, de escepticismo: «¡Nooo! ¿En serio?».

–Confirmado –dice el hombre, ufano.

Ramírez, el de computación, aferrado a un hilito de esperanza, preguntó:

–¿No serán los hermanitos?

Los demás soltaron la carcajada.

–¿Y qué? –comentó el Gocho–, Anaís, la de la recepción,

está casada. El esposo la viene a buscar cuando se queda hasta tarde. Y esa carajita no debe tener ni veinte años.

Todos se pusieron sombríos. Esa sí que era una triste noticia: ¿Anaís? La morena linda de ojitos negros. La de los pantalones que abrazan una cinturita de juguete. La de las perfectas manos pequeñas... Anaís, una melodía que se cantaba con gusto y que significaba esperanza. ¿Anaís? ¡Qué cagada! Anaís...

Dos malas noticias en un mismo almuerzo. Era demasiado. Al menos para Ignacio, que se había decidido, finalmente, a invitarla al cine ese viernes cuando cobraran. Ignacio, que tenía meses cazándola. Ignacio, el abatido. Ignacio...

−Y hablando de cobro −deslizó dispuesto a que todos se sintieran como él−, escuché que el viejo no va a pagar el aumento todavía.

La noticia se había colado de la reunión que había tenido el dueño con el departamento de Cobranzas. La misma lloradera de siempre: que los clientes no pagan, que «la cosa está dura», que ha tenido muchos gastos con la enfermedad de su señora (como si eso fuera problema de los que trabajan ocho horas diarias todos los días), que con «este loco» que tenemos (y todo el mundo sabe, por supuesto, a quien se refiere).

El viejo no soporta «al que te conté». Ni en pintura. Pero cada vez que llama a reunión no deja hablar a nadie, «se encadena» como dos horas[*], vive hablando de austeridad y cada cuatro meses pasa dos semanas en España visitando a la hija, y...

Y siempre termina imponiendo sus puntos de vista.

Ajá, y cada vez que toma una decisión, dice que hubo

---

[*] Debido a las extensas alocuciones presidenciales transmitidas de forma obligatoria por emisoras de radio y televisión públicas y privadas, el venezolano ha trasladado al habla cotidiana la expresión «no te encadenes» cuando alguien pretende hablar sin escuchar.

profundas consultas, jajajajajaja, ríen con amargura de sus mismas gastadas ocurrencias.

—Sí, que se llegó a un consenso entre todos —ataja Salazar.

—Que a él le importa mucho la opinión de mi gente —remarca Ramírez, riéndose con los ojitos, como lo hacen todos los maracuchos.

Todos los demás se ríen con toda la cara. Pero es una risa amarga. Es una risa de «coñuesumadre ese viejo». A dos días de la quincena. Luego de haber hecho planes y de haberse endeudado con ese dinero.

Alejandro, que hasta entonces había estado callado, dando cuenta de su pasticho, guarda para el último momento la bomba mayor. Apenas alza la voz:

—No va a pagar el aumento ni esta quincena ni la otra... Ni nunca.

Hubo un silencio unánime y pesado.

—Ese viejo se va a declarar en quiebra y se va a quedar con los reales.

(Es fama: Alejandro pocas veces habla, pero cuando lo hace...)

Los demás, desconcertados, le preguntan con los ojos:

—¿Y tú, cómo sabes?

Él, acusando recibo de la pregunta muda, advierte como única respuesta:

—¿Yo no vivo cerca de Mariana, pues?

Sin encontrar relación entre una cosa y otra, Salazar pregunta:

—¿Y qué pasa con eso?

—Que siempre me la encuentro en la parada y nos venimos juntos.

—¿Y qué pasa con eso?

Alejandro, impaciente, suelta:

−¿Cómo que qué pasa, güevón? Esa carajita sale con el viejo desde hace como un año. Ella me lo cuenta todo cuando venimos. Que se la pasa regalándole vainas caras y prometiéndole que se va a separar de su esposa.

¡Qué discreción! Ninguno de los otros, tan chismosos que son, lo sabían. José Antonio, con cara de espanto, dice lívido, soltando la cuchara sobre el plato y llevándose las manos a la cara:

−¿En serio? Verga, yo sí he hablado pestes de ese viejo delante de esa chama.

Alejandro ríe de nuevo, brevemente, y lo tranquiliza:

−¿Y qué pasa con eso? Ella también.

Secuestro exprés en azul

SON CASI LAS CINCO DE LA MAÑANA. La calle aún está sola. Ya se dejan ver los primeros sonámbulos en las aceras. El cielo tiene el color de una inminencia. Todavía hace frío en la madrugada caraqueña. Un tipo va en una descascarada Vam Dodge. En la soledad de la madrugada, intenta una maniobra tan inocente que ni en la más pesimista de sus divagaciones cabría imaginar las consecuencias que le produjo: rodar en sentido contrario un tramo de un par de metros para empalmar con una calle que sube (la alternativa legal para subir por esa calle sin «comerse» la flecha, le agrega a su recorrido unos seiscientos metros; y el venezolano, hay que decirlo, no es demasiado apegado a las leyes).

En un país donde nadie respeta las señales de tránsito, no podía suponer que al dar ese pequeño viraje en sentido contrario, se iba a encontrar, de frente, con su aporte a las estadísticas negras acerca de la percepción que tienen los ciudadanos de las instituciones, representadas en la figura de un Jeep de la Policía de Libertador[*].

---

[*] Es decir, del municipio Libertador (que se supone el corazón de Caracas), conocidos como Policaracas o «Polimatraca», que es el nombre que más arraigo ha encontrado entre los caraqueños.

El equipo policial que viajaba dentro de la unidad estaba compuesto por: 1) una trigueña bajita de cabello teñido en el asiento de adelante, 2) una morena silenciosa de prominente grupa (eso se sabría después) y 3) un flaco alto y taciturno, al volante. La de cabello teñido, por las ínfulas y por la altanería, parecía ser la que estaba al mando. A efectos de simplificar la crónica, llamémosla Gallinita. El somnoliento conductor era lo más parecido a eso que los muchachos suelen etiquetar como Platanote, Burrote, o Burro con sueño; y para no olvidarnos de la silenciosa morena de prominente grupa, llamémosla Vaquita.

Vamos ahora a la acción: el Jeep, con Burrote al frente, le tranca el paso a la Vam y le coloca las luces altas. Gallinita, con su enérgica e irritante voz chillona, grita:

–Apague el motor y bájese del auto.

–Lentamente y con las manos a la vista –agregó.

Por la modulación empleada, el espectador puede inferir que siempre quiso declamar ese clásico parlamento de Hollywood.

Vaquita, desde el asiento de atrás, solo observaba y rumiaba. El conductor se baja y allí comienza un veloz diálogo que pudo ser escuchado por los vecinos que se despertaron con el jaleo. Luego de un discurso institucional y seudoaleccionador sobre el respeto a las señales de tránsito (¡habrase visto semejante cinismo!), Gallinita le dijo, sin mayores prolegómenos, que debía pagar una multa, y algo en sus maneras, luego de mucha experiencia haciendo eso, dio a entender, sin palabras, que ella, la mismísima Gallinita, era (¿adivinan?) Agente Especial de Retención del Fisco Municipal (¿quién dice que la burocracia es una de las trabas del buen funcionamiento de las instituciones públicas?).

Nunca se sabrá si el ciudadano de la Vam decidió que jamás daría su dinero a ese trío de «rapicuiz»; si es de esa rara casta de los escrupulosamente honrados o si de verdad estaba *pelando bolas*, pero lo cierto es que dijo que él reconocía que había hecho mal, juró jamás volver a pecar e imploró clemencia, aduciendo que él no tenía dinero para pagar una multa a esa hora de la madrugada.

Gallinita, consciente de que el que está en la calle a las cinco de la mañana es porque necesita rendir su tiempo, aplicó aquel viejo adagio capitalista de *Time is money*, por lo que montó una caraqueñísima «operación morrocoy» al minucioso chequeo de los documentos del ciudadano, como para darle tiempo a recordar dónde podía tener una *caletica**. Este, luego de unos quince minutos de pie, pasando frío, mirando otros carros hacer la misma operación que hizo él, mientras veía hacia dentro del Jeep policial cómo se tomaban su tiempo para ejecutar los procedimientos, desesperado (o poniendo un toque de dramatismo al asunto, cosa de la que luego se arrepentiría), gritó que frente a sus narices otros carros estaban cometiendo la misma infracción, que él no tenía dinero para pagar la multa, que estaba apurado y que cómo era posible, por Dios (así dijo) que no entendieran que él llevaba prisa.

En ese momento a Gallinita se le subió el reciente nombramiento al pecho, y se bajó de la unidad gritando: «A mí tú no me alzas la voz, ahora es que tú vas a saber» lo que era un procedimiento riguroso.

Se bajaron los tres del Jeep. Se veían tan graciosos que parecían dibujos animados de animalitos de la granja dis-

---

* Obvio: un escondite donde guarda algo de dinero para las contingencias. Tanto los ladrones que van directo a la cartera como los policías representan el 70% de dichas «contingencias».

frazados de policías. A mitad de quincena suele ocurrir, con esas guardias nocturnas, que el hambre que pega a esa hora, que las contingencias, que el sueldo nunca alcanza, que este es un trabajo duro e ingrato, que... en fin, les molestó que el ciudadano escogido para poner en práctica los preceptos socialistas para que les brindara solidariamente el desayuno, no estuviese muy dispuesto a cooperar (cuesta, cuesta hacer entender al venezolano que socialismo es so-li-da-ri-dad).

Ya iban a ser las cinco y cuarenta cuando, luego de un par de llamadas por radio (Burrote decía, para referirse al vehículo, como tasando el costo de la transacción con su asesor económico: «No, una 'doye' vieja»), la orden fue categórica: no se puede permitir ese dañino antecedente de falta de solidaridad para con la «autoridá».

—Vamos —le dijeron con una gravedad a la altura del anuncio—, la camioneta queda detenida. Acompáñenos al comando.

Burrote se montó de copiloto del detenido, a Vaquita le llegó su turno de jugar a chofer de la unidad, y Gallinita gritaba instrucciones, feliz de ser la dueña de la situación. Como un niñito malo que logró imponer que jugaran de barco pirata y que él, por supuesto, fuera el capitán.

Por el camino, mientras veía pancartas que decían «Con Chávez manda el pueblo», el ciudadano (el pueblo) iba a tener varias cuadras de ruleteo para decidir si accedía a ver cuánto tenía en el cajero, o si llamaba a la mujer para que le acercara a tal esquina tal cantidad de dinero («Sí, esa, la de la mensualidad del colegio. ¿Qué? Coño se pagará el mes que viene pero yo no voy a estar todo el día en este maní. Yo tenía que estar a las seis y media en Charallave. Bueno, ya se resolverá. Apúrate, pues»).

Mientras, rueda indignado porque sabe que ese trío de «rapicuiz», como los había considerado, sí fue capaz de echarle a perder el día. Ah, pero es que la placa es una vaina muy arrecha, muy valorada en un país uniformado.

¿La autoridad? Diciéndose, convencida, de que si no es así, cómo se vive con ese sueldo. ¿El ciudadano? A punto de decir: «Vamos a pararnos en ese cajero pa' ve' cuánto me queda. ¿Cuánto es que me dijiste que era la multa?». Ligando que no haya subido de precio por la gasolina consumida, y por el rabioso escándalo de las tripas de la inspectora Gallinita.

Te andan buscando

CADA MOMENTO Y CADA ZONA de esta ciudad estrepitosa tiene su ritmo, su densidad, su olor, su puesta en escena. Cada calle, cada esquina es sostenida por una estructura silente que, como le sucede a los viejos en los pueblos que con solo ver el sol reconocen la hora, ofrece la certeza de que todo está en su sitio.

Cuando todo está en su sitio, claro.

Si algo sabe leer la gente común, en esa ciudad de cincuenta muertos por fin de semana, son los signos que presagian un alerta de peligro, un *déjà vu* que asoma una ruptura de secuencia en la Matrix... Tanta violencia desempolva el instinto. No se puede expresar con palabras. Solo se siente. A cada hora el tráfico está de una manera y las aceras tienen un volumen de peatones más o menos particular y el aire y el cielo y el color de los edificios alumbrados por el sol en cada variante de su paso diario, hace un todo que encaja o no con lo que se espera del momento. Como los cajeros de banco que calzan las transparencias de huellas dactilares.

Como el aire, no se nota su presencia sino su ausencia.

Eran cerca de las dos de la tarde cuando Alejandro venía en su moto de vuelta del banco. Prefería usar la moto porque con el carro emplearía el doble del tiempo. A menos de veinte metros del negocio daba por descontado que todo había salido bien, como siempre. En su rutina de todos los viernes, luego de almorzar, va a la agencia donde tiene la cuenta y saca el dinero para pagar el sueldo de la cajera, de los dos muchachos del depósito y del ayudante que tiene en su tienda de repuestos y autopartes, que no dice el tamaño para el volumen de ventas.

Daba por descontado... Un hábito nada recomendable en Caracas.

De hecho, apenas dobló en la esquina, le extrañó lo poco concurrida que estaba la calle a esa hora. Bueno, a él no. Él se dio el lujo de creer más en su estadística personal, en la espesa cortina de su rutina, que en los signos que se olían en el aire. Esos que salvan a los suculentos antílopes que beben agua en la selva. Corrijamos, entonces: su instinto receló de ciertos elementos que querían decirle algo que su razón desechó de plano.

Grave error, como se puede suponer.

Acababa de saludar al viejo Carlos, que pasa el día metido en su quiosco, y cuando dirigió la vista hacia su negocio, sintió que los motorizados que se habían detenido brevemente a su lado le halaron el bolso con brusquedad. Es decir, asoció el tirón que sintió de pronto, con esos motorizados que, viniendo en sentido contrario, habían pasado a su lado sin que él prestase demasiada atención. Había asumido que iban a comprar algo en el quiosco sin bajarse de la moto.

Al voltear la vista hacia ellos, se percató de que el que manejaba tenía la mirada fija al frente mientras que el parrillero forcejeaba con el bolso con una mano y con la otra sacaba una pistola para dirigir el cañón hacia él.

(Aquí cabe anotar las preguntas que no vendrían a la mente de Alejandro sino hasta mucho después, cuando se fue a la cama. ¿Por qué carajo el motorizado no disparó cuando él ofreció resistencia? ¿Estaría cargada la pistola? ¿Descubriría que no le había sacado el seguro a tiempo? ¿Sería su primer «trabajo»?)

Pero antes de ese paréntesis lo que hay es un par de motorizados conocidos como «motobanquistas», una calle extrañamente sola y una víctima.

Avisado de la trampa en que había caído, sintiendo en el cuerpo todos los signos que anunciaban que no era uno de esos rutinarios viernes en que buscaba la nómina luego de almorzar, su cuerpo reaccionó exactamente como se había entrenado en silencio. Es decir, cuando haló su bolso hacia sí y vio la pistola que le sacaban, sacó la suya convencido de que ahí se acabaría la película para todos.

Pero ya se dijo: para bien o para mal en Caracas es mejor no dar nada por descontado.

Alejandro no lo pensó demasiado para apretar el gatillo moviendo la pistola en dirección a los dos cuerpos que tenía a unos veinte centímetros de distancia. Disparó unas ocho veces, agitando la mano para repartir equitativamente las balas, como el que riega *ketchup* sobre su hamburguesa, esperando recibir también su cotillón... Pero tardó en entender que de la otra pistola jamás salieron disparos.

A los tipos les habían apagado la luz intentando halarle el bolso. Cuando los vio acostados y aprisionadas sus piernas izquierdas con la moto fue que se hizo una idea de cómo había quedado el juego. O, lo entendió a cabalidad cuando apagó la moto, le puso la pata y se bajó, constatando que las piernas le funcionaban correctamente.

Nunca había sentido esa extraña alegría de saberse

vivo. Pero no se confiaba, por lo que agarró a los tipos con fuerza por debajo de las axilas y, destrabándolos de la moto, los acostó boca arriba en la calle. De una patada alejó la pistola sin disparar y revisó al conductor en la pretina del pantalón en busca de otra arma. Seguía viendo para todos lados, convencido de que las cosas no podían haber terminado tan fácilmente. Los tipos aún lo observaban, extrañados, sin rabia, con la impersonal mirada de lo que se propusieron.

aich

Luego de verlos ahí, la moto y ellos desplegados sobre la calle como mercancía de buhoneros, fue que se percató de la gente escondida detrás de los carros, de los que se paraban del piso, de la muchacha que había cubierto a su niña de los disparos y corrió en cuanto entendió que habían cesado. En ese momento cayó en cuenta de que, por designio de los dioses, todas las balas que salieron de esa pistola que nunca había usado y que representaba más bien un amuleto, todas, se alojaron en los cuerpos de sus agresores.

Y que él estaba vivo y ellos se estaban muriendo.

En tanto asimilaba lo que había ocurrido, la calle se iba llenando de gente. De pronto había un círculo de personas alrededor de la escena. Sus oídos comenzaron a sintonizarse con las palabras que salían de ese círculo. «Bien hecho». «Que se jodan». «Por eso es que los matan». «Termina de joderlos, que ya te vieron»…

Alejandro se sintió en el claro lado del bien, de lo justo. La vida lo puso en un duelo y el que estaba parado era él, mientras los otros dos estaban siendo fotografiados por los vecinos con sus celulares, «porque si los veo por ahí, los jodo».

No había pasado media hora cuando llegó la primera patrulla de la Policía Nacional. Y luego de esa llegó otra. Y otra. Y otra. Y otra.

Y siguieron llegando.

A todo el mundo le pareció extraño que siguieran llegando policías a atender un caso bajo control. Pero siguieron llegando. Hasta que se enteró de las razones. Uno de los tipos tenía antecedentes por robo… pero el otro era un colega. De los policías, claro.

Es decir, un compañero en aprietos, ni más ni menos.

Alejandro está pensando en vender el negocio. Luego de diez años en ese punto, no solo sopesa la idea de mudarse de zona y de ciudad, sino de país. Primero fueron las visitas de uniformados. Siempre hablaban de experticias, de investigaciones, de papeles que nada tenían que ver con el suceso. Siempre complicaban la cosa pidiendo nuevos documentos. Pero como Alejandro es la mata de la pulcritud y la legalidad, ya los uniformados no portan por su negocio. Ahora pasan unos carros con unos tipos extraños dentro, dando vueltas, desordenando el sentido de normalidad de la calle. Convirtiendo esas rupturas en una peligrosa nueva normalidad.

Hasta que explote algo raro.

Por eso los vecinos más viejos, esos que lo han visto todo, le dicen con sosiego pero con insistencia:

—Vete pa'l carajo, Alejandro, que te andan buscando.

¿Esta vaina será dengue?

¿Dios? Mi moto y mi bicha
Un malandro disertando sobre religión J

VEINTITRÉS AÑOS PODRÁN PARECER NADA, pero más de la mitad de la gente con la que creció está fuera de combate. La clave, siempre lo ha pensado, está en trabajar solo. Los socios siempre terminan cayéndose a tiros mientras arreglan cuentas.

Socios, compinches, billete, pajazos, trampas, codicia, venganzas...

Han pasado tres cuadras y no ha perdido al conejo. Una vez se montó en el Metro y prensó a uno cinco estaciones más allá. Sabe que, si no lo pierde de vista, a las tres cuadras se confían. Después solo queda esperar el sitio. Se quedan fríos cuando los adelanta y les saca la «bicha». Se sorprenden como si se les hubiera olvidado que cargan una pelota de dinero encima, que miles de ojos los vigilan, que el dinero es escandaloso y los bolsillos son transparentes.

Que están aquí, en Caracas.

Él trabaja solo y así rinde más. Pero otros pagan el dato. Y ese dato vale. Se trabaja sobre seguro. Cajeros, vigilantes, parqueros, mesoneros, quiosqueros, mensajeros (fiscales no, ellos trabajan solo para su gremio), todos esperan su parte por dar la flecha. Él los desprecia. «Son atracadores cagones», dice.

—Si quieren billete que agarren una bicha —filosofa.

El tipo camina confiado. Quiere demostrar aplomo comprando cigarros en un quiosco. Ve para los lados, nervioso, y paga. Lo espera a unos quince metros. Quiere salir rápido de ese negocio porque esa «vaina-rara» con la que le amaneció el cuerpo lo está friendo por dentro. «¿Qué coño será esta vaina?», se pregunta. Lo que sea que tiene va volando por su torrente sanguíneo como azogue hirviente.

Era como si todo el esqueleto se le hubiese oxidado. Y aunque tiene por norma no «hacerse mentes» con el cuerpo, en menos de dos horas estaba dispuesto a permitirse excepciones. Sentía que los ojos se le cocían en sus cuencas. Que un casco se le encogía en la cabeza. Que le estaban echando taladro en las piernas.

El conejo sigue su camino y él se le pega, consciente de que no está en su mejor forma. Lo sigue dos cuadras más. Está a punto de perder la paciencia cuando lo ve sacar la llave del bolsillo y mover la cabeza en todas las direcciones, como si no pasara nada. Como si no hubiese un pulso invisible entre los dos, desde varias cuadras atrás. La calle está bastante sola. Se encomienda a La Corte Malandra. Aprieta el paso. El conejo desactiva la alarma del carro y cuando está metiendo la llave, ya él está detrás, clavándole la pistola entre las costillas.

—¡El sobre o te quemo el culo!*

Para fortuna del conejo, de su vida, de sus posibles deudos, no se trataba de un súper héroe. Cooperó: entregó el sobre sin subir la vista (la vida toda es un póquer, un largo e infinito *if*, un cuaderno que se reescribe con cada condicional), sin saber que si el delincuente que lo estaba atracando

---

* Los ancestros de tan viejo oficio señalaban, con más pudor, o más belleza: «La bolsa o la vida».

tuviese que asignarle un porcentaje a su capacidad operativa, le pondría un veinte por ciento. Pero en sus manos estaba la decisión de que su víctima desayunara mañana en su casa, o no. Y eso hace la diferencia.

Le quitó el sobre y se fue, con sus escalofríos, sus dolores en las coyunturas, su ardor en los ojos, su cabeza como un saco de arena.

—¿Esta vaina será dengue? —se pregunta asustado.

Rodando en la moto, ve una farmacia y decide que no puede esperar más. Para a una cuadra, por una precaución que no puede evitar. Entra en la farmacia. El aire acondicionado le atraviesa la piel. Siempre le han incomodado los espacios cerrados, y más si están lejos de su zona. Además, no le gusta la gente distinta. Y el lugar está lleno de gente distinta.

Agarra el numerito y ve en la pantalla que tiene siete personas por delante. Le provoca sacar la «bicha» y resolver como lo sabe hacer, pero se contiene. Se siente como si le hubieran entrado a batazos, y necesita que le receten algo. Putea. Mira los estantes. Los zapatos de la gente.

Faltan cinco personas y trata de distraerse con el escote de una chica que está con el novio esperando turno. Un pantalón de mono y unas pecas grandes en el pecho. La chica lo ve con miedo y se abraza más al novio. Le provoca atracarla, solo porque le arrecha cómo lo mira. Busca su rostro en el espejo de la sección de los lentes y lo que ve es un malandro con una fiebre voladora. Mira alrededor y se da cuenta de que todo el mundo lo mira igual. Comienza a ponerse paranoico. Le provoca atracarlos a todos, pero opta por la prudencia.

Levanta la vista y faltan dos números. Le va a pedir a la mamita de la bata azul algo para ese malestar y se va a desaparecer, antes de que se ponga *monstruo* ahí mismo. ¿Será dengue? Está imaginando la conversación cuando escucha a un tipo pegando gritos.

Cuando levanta la vista ve a un bichito con un pistolón agarrado con las dos manos y los brazos extendidos moviéndolos de un lado al otro, saliendo de entre los anaqueles. A pesar de lo lento que lo tiene la fiebre, se pega a una pared y mira hacia la entrada para verificar si está solo. Hay otro en la puerta. Cuando el que entrompa le apunta, dictamina que esa pistola, que no tiene puesto el seguro, está cargada, por lo que baja la vista y obedece las órdenes. Se pregunta si le dará tiempo de sacar su bicha, pero sabe que los reflejos no lo van a ayudar. Las coyunturas le queman del dolor. ¿Esta vaina será dengue?

Decide que no puede dejarse agarrar armado. El bichito que entrompa está muy nervioso. «Los malandros deberíamos tener carné y sindicato», le suelta en chiste una de las neuronas que le quedan despiertas. El que está en la puerta tiene la pistola apuntando al piso, como debe ser. Los ventanales de la farmacia dejan ver medio cuerpo, y desde afuera solo se verá a un tipo atento a la calle, pero tranquilo. Echa un vistazo afuera y verifica que no hay un tercero. Están trabajando en pareja. «Yo te voy a echar cuentos de socios», piensa. Seguro que el que está entrompando saldrá primero y el otro lo cubrirá. Ya están sometiendo a los cajeros. Si no se meten con los clientes, quizá decida quedarse tranquilo hasta que se vayan.

Pero el que estaba en la puerta entra en escena:

—Sin payaserías, celulares y BlackBerrys aquí —dice agarrando una de las cestas de la farmacia. Él lo deja pasar por su lado y se va acercando a la puerta con mucho cuidado. El dolor de cabeza, la concentración, los ojos, salvar el pellejo. El tipo está entrompando a los clientes. Ya está cerca de la puerta. «Esta mierda tiene que ser dengue». Está a dos pasos de la puerta. Uno más y está listo, porque luego lo protegerá la pared.

—Si tengo que soltar dos plomazos para cubrirme lo hago —decide.

Escucha que ya limpiaron las cajas y solo queda terminar con los clientes. Puede ver la acera en esa tarde fresca y comprueba que no hay carro esperándolos. Es decir, los tipos van a pie. Es decir, saldrán de la farmacia caminando. Es decir, tiene chance porque no lo van a perseguir.

Da otro paso. Le zumban los oídos. La brisa se cuela por las rendijas de la puerta de vidrio. Ve una señora gorda caminar hacia la farmacia. Mide a los tipos. Los ojos le arden, pero se concentra. El pellejo primero. Ve por última vez hacia dentro y se tira el resto. Empuja con todo su cuerpo la puerta, pero el que se acercaba con la cesta, sin expresión alguna en el rostro, apunta hacia él. Escucha la detonación y escucha los gritos. Escucha los gritos y escucha los vidrios. Siente que lo empujaron y que se le empieza a mojar un costado.

Desde la acera vio a la señora gorda reírse con todos los dientes. Vio también los zapatos de los tipos que saltaron sobre él, en dirección a la calle. Comenzó a sentir, cerca del costado húmedo, una quemazón. Alguien gritaba algo de un celular y por primera vez en todo el día sintió que se le aliviaba el dolor de cabeza.

Quiso sacar la bicha, pero le entró un sueño sabroso.

Entendió que la vieja gorda no se estaba riendo cuando vio a la de las pecas consolándola, abrazadas.

—Debe ser la mamá —pensó.

Una necesaria y merecida tregua

Caracas queda en el infierno,
pero no es su capital

DANIEL PRATT

CON VOZ GANGOSA, EL ANCIANO PREGUNTA al cajero hasta qué hora funciona la agencia. Se mueve entre los clientes como un viejo camión de estacas que tose y echa humo, sin avanzar. A todo el mundo le cuesta entender lo que dice y a él le cuesta entender al mundo. Si ese es el pórtico, la inmortalidad no luce demasiado atractiva.

Al tercer intento del cajero por hacerse entender a través del agujero de la taquilla, aumentando el volumen de la voz en cada ocasión, comienzan a oírse risitas. Al contrario de lo que parecen, no son risitas malintencionadas ni viles. Aún sin ellos saberlo, son risitas nerviosas, asombradas. Risitas de admiración y desconcierto. El que sabe escuchar, escucha en esas risitas apagadas la pregunta:

¿Cuántos podrán darse el lujo de desgajarse intactos, atravesando la vida y la muerte de punta a punta, en esta ciudad de fugacidad y pólvora?

La niña le dice a su papá que a ella le gustaba mucho cuando se subían al vagón ese dúo de muchachos que cantaban canciones graciosas en el Metro. Eran dos feos sim-

127

páticos que cantaban algo a mitad de camino entre el rap y el country, recuerda también su papá. «Eran muy alegres», acota la niña, y ya no se ven más. El papá cae en cuenta de que, efectivamente, no solo ellos, sino que todos los músicos y su universo circundante desaparecieron del Metro, sin dejar rastros de su existencia. Nadie podría recordar qué día marcó su desaparición.

Como llegaron, se fueron.

¿De verdad en una época se viajaba en Metro escuchando baladistas, rockeros, vallenateros, boleristas, raperos y músicos que tocaban versiones instrumentales? Fue tan abrupta y tan completa su desaparición, que hasta los que los vieron dudarán de su memoria.

Y hay quien dice que en este valle de humo no ocurren hechos portentosos.

La mujer tiene cuarenta y tantos largos. Morena, gruesa, alta. Sus brazos parecen los robustos percheros de una quincalla china: la cartera, la lonchera, unas carpetas, una bolsa con asas cuelgan de sus brazos como un árbol mutante.

De sus manos resbala un papel. La mujer (cartera, carpetas, tacones, medias, calor, várices, cansancio, columna) se detiene en seco, siguiendo la trayectoria del documento hasta verlo aterrizar en el piso. Con más gesto de pesar que de contrariedad, tarda un instante en entender que debe agacharse.

Suspira y se dispone a hacerlo.

Un hombre viene con prisa en dirección contraria. Todo el mundo lleva prisa en Caracas. El hombre se detiene con una precisión casi violenta frente a la mujer. La mujer sabe que en Caracas el que se para pierde. Y más si lleva los brazos ocupados. El hombre se agacha con ligereza y, con gesto solícito y casi teatral, recoge el papel, lo sacude y lo pone, reverencialmente, al alcance de los dos dedos libres que esperan prestos para atenazarlo. La morena libera una sonrisa espléndida, total, hermosa, como si el galán de sus sueños le hubiese pedido matrimonio. El hombre le devuelve la sonrisa y se pierde entre la gente.

–¡*All you need is love!* –canta para sus adentros alguien que recibió el fortuito regalo de presenciar la escena.

Tres chicas van bajando hacia la avenida. Simples, sin gracia, no acaparan las miradas masculinas con las que se cruzan. Alegría sí tienen. Y ganas de hacerse su espacio sobre la Tierra. Ríen y cuchichean las tres a la vez. Llegan a la esquina. El ciego que vende tarjetas telefónicas las oye pasar y comenta:

–¡Qué hermoso canto el de esas muñequitas! ¡Es para enamorarse de las tres!

Los hombres que están alrededor voltean a mirarlo, incrédulos, escépticos, desdeñosos. Solo uno de los presentes cierra los ojos y agarra en el aire los restos de la música que se va alejando. Tras unos segundos, siente felicidad y también vergüenza de que la vista le entorpezca apreciar la verdadera belleza.

Un chamo va subiendo por una solitaria calle llena de talleres mecánicos. Viene del liceo. Las manchas en la camisa azul delatan los estragos de los juegos durante el receso. Camina por el medio de la calle, despeinado y sudoroso. Se lleva un dedo a la nariz y hurga metódicamente, con expresión ausente. Dos tipos vienen detrás, a mayor velocidad. Lo alcanzan y, al pasar a su lado, uno de ellos (gordo, alto, canoso) le dice, sin verlo ni perder el hilo de la conversación:

—Coño, chamo, te vas a espichar el ojo.

Y sueltan unas ruidosas carcajadas, pero de inmediato siguen conversando, como si apenas al decirlo ya lo hubiesen olvidado.

—Viejo marico —dice bajito el chamo, con rencor, mirando fijamente la ancha espalda que se aleja.

El tipo se lleva la mano al bolsillo y, al sacarla con brusquedad, deja caer como al descuido un billete de veinte que, doblado en cuatro, vuela con torpeza y aterriza en la acera. El chamo sigue el billete con la vista y apura el paso, se agacha para tomarlo y se lo mete en el bolsillo, con una sonrisa satisfecha y vindicadora.

El del chiste le dice al otro, guiñándole el ojo:

—Tampoco vamos a reírnos a costa del panita sin alegrarle el rato, ¿no?

Y vuelven a reír ruidosamente.

Son las siete y media de la mañana. La brisa está helada. El cielo gris desde hace días le ha negado al caraqueño esa cosa luminosa y fresca de todo diciembre. Un año duro que parece querer cerrar igual.

El microbús gana metro a metro la avenida, entre corneteos y bramidos. Entre motos que van chocando retrovisores y gente que salta charcos y putea. Hace días que no se le ve la cara al sol. Lo que se habla es de derrumbes y deslizamientos de tierra. Hay miedo en el ambiente. Miedo y un malhumor enorme por los tantos días teniendo que salir a ganarse el pan en esas circunstancias.

Un tipo persigue el bus y se trepa sin que este termine de detenerse. Solo él sabe el porqué de esa cara de alegría. Parece ser de esos fastidiosos que hablan en voz alta, buscando conversación a los desconocidos. La gente, al verlo, comienza a negarle esa posibilidad, ocultando la vista dentro del diario, en la pantalla del ipod, por la ventana del microbús, inspeccionando los zapatos…

Chorreando agua, el tipo se acomoda en el estrecho pasillo y suelta un chistecito malo. Verlo empapado y sonriente produce algo contagioso en esos rostros malhumorados. El tipo se ríe, moviendo los hombros. La señora del suéter azul cede a la tentación y, en un principio, se permite una sonrisa que luego se vuelve risa. Al verla, la muchacha de la carpeta entre las piernas y los lentes de montura de metal, busca con la vista brevemente al señor que está sentado a su lado y, disimulando que mira algo en su cartera, también sonríe con ganas. Su vecino ríe sin esconderlo, en un principio calladamente y luego moviendo la barriga como la proa de una lancha que pasea de cayo en cayo. Los dos muchachos de «la cocina» no esperan demasiado y se suman a la risa.

El chiste es malo. Nadie podrá recordarlo cuando quiera contarlo al llegar a su destino. Pero no es el chiste, es un hormigueo que les recorre la cara, los brazos, el corazón, y les hace sentir que ya es como tiempo de darse una necesaria y merecida tregua.

Y de regalo, lo que le queda de vida

A Juan Carrillo

Sɪ ᴇs ᴘᴏʀ ᴛᴇɴᴇʀ ᴄᴏsᴀs ǫᴜᴇ ᴄᴏɴᴛᴀʀ, los taxistas podrían ser de esos escritores que desconocen el miedo a la hoja en blanco.

Geólogos del latir de la calle, los taxistas son los sismógrafos de un submundo que, como los *icebergs*, muestra apenas un minúsculo pedazo de cuanto esconde en sus entrañas. Son los chamanes del *Abracadabra* que hacen aparecer, ante los ojos del que los escucha, una ciudad escondida.

El taxista viejo es un guerrero curtido, un cazador mañoso. Si hay un oficio duro, es ese. Para lidiar todos los días contra los tataranietos de Atila (llámenseles motorizados), los autobuseros con su lógica de que el más grande siempre tiene el paso, las todopoderosas caravanas de «personalidades» y los fiscales de tránsito*, hay que pertenecer a una raza tan blindada como la de las cucarachas.

Y ni hablemos de su prodigiosa capacidad para sobrevivir al hampa.

Pascual terminó siendo taxista como el que se descubre un día sacando cuenta del tiempo que tiene viviendo con

---

* Contó cierta vez un taxista, que a su vez le confió un fiscal, que un día de cobro fueron llamados a formarse en el patio, y una vez allí el comandante les notificó: «Enviaron la quincena, pero no los cesta-tickets... así que vean cómo resuelven».

alguien que en una época le resultaba indiferente. O el que termina viviendo en Güiria. Porque sí. Comenzó como una opción para ayudarse a flotar en una época difícil. Con el tiempo el sustantivo «época» fue relevado por el sustantivo «vida» y, como la carrera de un profesor universitario, lo que comenzó con unas horas a la semana terminó siendo un oficio a dedicación exclusiva.

La vida, ya se sabe, es de las que sueltan chistes de los que solo ella se ríe.

Máster en eso de sobrevivir a la ciudad, sabe que en esta hay que dosificar la angustia. Más de veinte años atravesando las venas de Caracas frente al volante le han enseñado a no malgastarla sin motivos.

—El caraqueño vive asesinando su cuerpo bebiéndose todo el día un cóctel de paranoia, rabia, impaciencia, ansiedad y terror —le comenta a todo pasajero dispuesto a escucharle.

Y así como terminó de taxista porque sí, igualmente está vivo «porque sí». Ocasiones para no estarlo le han sobrado en todos esos años. Lo han atracado con todos los métodos conocidos (hasta con una media de nailon que le atravesó el cuello), ha sido el impensado transporte-rehén de una fuga, ha llevado heridos de bala al hospital, ha montado pasajeros que luego descubre que están siendo perseguidos a plomo limpio, y hasta una vez su carro terminó acordonado por una Unidad Antiexplosivos, por un maletín que dejaron en el asiento de atrás. El mismo en el que, todo hay que decirlo, también se han repartido amores y humedades.

Por eso cuando dice que está vivo, lo dice en letras mayúsculas.

Esa vida vivida en sus bordes le ha enseñado a tomar con humor los pequeños incidentes. Como esa vez en que cuatro «funcionarios» de una policía no identificada lo detuvieron y le indicaron una dirección a la que iban a allanar. Y «no le pare a semáforo, que usted está en comisión».

Por supuesto, no pagaron la carrera.

La mañana previa a amanecer con sesenta años, despertó sintiendo un inesperado rechazo a la idea de salir, como todos los días, a *guerrear* la calle. Puede que estuviera cansado de sospechar de los pasajeros y de tragar humo, pelear con motorizados y de los calambres y dolores en la rodilla del *clutch*; pero sobre todo, se descubrió aburrido de un oficio que ya no le deparaba sorpresas.

Decidió que ese sería el último día antes de colgar la armadura, y así se lo hizo saber a su mujer. Esta se quedó pensativa y luego dio un manotazo al aire, como queriendo espantar una idea odiosa.

Ningún hecho inusual coronaba su jornada de despedida del volante. Lo de siempre: colas, carreras, gente puteando al gobierno... Trabajó hasta las dos de la tarde y se fue a su casa a comer y descansar. Volvió a la calle a las seis. Calculó que, con seguridad, a eso de las doce ya estaría en su cama durmiendo.

Cerca de las once recogió a un tipo por los lados de Chacao. Trigueño, de unos treinta años, cara grande, con una chaqueta larga. Un tipo como cualquiera que puede estar en la calle a esa hora de un jueves.

—¿Cuánto pa' Plaza Sucre?

Cada taxista se mete en las zonas que conoce y Pascual rueda tranquilo por las calles de Catia. Dijo «setenta» para irse a casa luego de esa carrera. El tipo abrió la puerta de atrás sin chistar y, una vez adentro, ordenó escuetamente:

—Súbeme el vidrio.

Veinte años llevando gente no han sido en vano. Pascual reconocía a la solterona, al infiel, al paranoico, al alcohólico en crisis, al alucinado, al suicida, al que nadie lo espera en casa, al psicópata... y ese tipo que estaba en el asiento de atrás de su carro era, sin ninguna duda, un delincuente. Se siente en las feromonas, en la sudoración, en la mirada. Drogas, atracos, en algo sucio andaba ese al que le dejaba la nuca a tiro en la última noche de su oficio.

Pascual intentó un par de conversaciones que se estrellaron con el silencio de una sombra en el retrovisor. Al llegar a la Plaza Sucre el tipo dijo: «Dale más, que yo te aviso».

Rodaron un par de cuadras por unas calles que se volvieron repentinamente solitarias. Pascual intentó bajar la velocidad. «Dale, dale que yo te aviso».

—Coño, pero ya vamos para Los Magallanes, y el precio es otro —se quejó Pascual.

—Deja la lloradera y dobla después de la otra, nojoda. Y cobra lo que te dé la gana.

Pascual dobló donde le indicaron y el silencio expreso de la calle fue roto por el sonido de las ruedas pisando un charco, como una lancha encallando en la playa.

A pocos metros había tres tipos, que sin duda esperaban al que acababa de llegar. Pascual, nervioso, encendió la luz del techo. El tipo se bajó del carro tan aprisa que no vio el sobre que se le salió del bolsillo de la chaqueta. Al oír la puerta cerrarse, Pascual lo buscó por la ventana, pero lo perdió momentáneamente de vista.

De pronto se percató del sobre que estaba en el asiento.

Sin entender del todo lo que pasaba, le quiso avisar del descuido...

—¡Piérdete, que estás vivo de vaina! —le gritó el tipo mientras se alejaba.

Pascual entendió que sí había pasado algo, no inusual, sino extraordinario en su último día de taxista. Alguien (y no sabía quién) le había regalado lo que le quedaba de vida. Podía aspirar a morir en su cama, en vez de hacerlo en una calle de Los Magallanes.

Las ruedas chillaron brevemente cuando aceleró.

Al encontrar un sitio con suficiente luz, detuvo el carro. Agarró la cabilla que lleva debajo de su asiento y se acercó a la puerta de atrás como si fuese a sacar un borracho que se quedó dormido. Abrió la puerta y, sin soltar la cabilla, agarró el sobre con dos dedos de la mano libre.

—¿Esta vaina será droga? —se preguntó—. Lo que falta es que me caiga la policía. Examinó su exterior hasta que sintió confianza para revisar su contenido.

Adentro había dos pacas. En una de ellas, en un conteo superficial, calculó más de cincuenta billetes de cien bolívares. La otra parecía más gruesa.

Buscó la autopista y rodó, tratando de no pensar en nada, hasta que llegó a una arepera en El Rosal. Allí comprobó que al menos uno de los billetes no era falso. Ordenó la otra arepa y luego ordenó cervezas, brindó por el regalo y por sus sesenta años. Pidió otro par de latas para llevar y se montó en su taxi. Rodaba sintiéndose atravesar una cortina invisible que flotaba en la soledad de la madrugada.

Eran como las cuatro cuando llegó a la Cota Mil. En El Mirador, sabiéndose el vengador hermético de los taxistas atracados, esperó a ver el sol acercarse al galope por los lados de Petare. Pensaba en esa ciudad que todo te lo quita, pero que un día hasta te celebra el cumpleaños, y se deleitaba con esos pálidos tonos naranja y verde que comenzaban a cocerse lentamente. Destapó la cerveza que guardó para la ocasión y concluyó, con una mezcla de felicidad y desconcierto, que esa era la vista de la ciudad que merecían los que ganaban la batalla. Luego se acomodó en el asiento para regalarse un par de horas de sueño.

–Una vida regalada no hay que estarla cuidando tanto –pensó bostezando.

Oprima nuevamente el botón

NADIE SUPO PRECISAR CUÁNDO ni cómo comenzó el asunto. El ambiente estaba sumergido en el murmullo clásico de un vagón cargado a media capacidad. Una parejita aquí, un grupo de muchachos allá, tres compañeras de trabajo maduras hablando mal del jefe, el radio-chicharra que salía de un celular colándose como un topo entre las conversaciones, hasta que unas voces lo pararon en seco, silenciando todos los sonidos.

—¡Tú lo que eres es senda bruja!

—¿Qué pasa de qué, sapo?

—¡No te me resbales, menor!

—¡Vente, pues!

Todos los que querían llegar a casa, los que estaban cansados de la jornada laboral, los que se estaban orinando o tenían hambre, sintieron en su propia carne las puntadas del hilito que cose las complicaciones. Comenzaron a buscar con la vista, para ver qué tan cerca, qué tan serio, qué tan peligroso era el asunto.

Distintas versiones, sobre su origen, ofrecerán los que echen el cuento a sus panas, a sus maridos, a sus madres.

Según, un malandro se puso abusador con una muchacha. Cansada de pelear con el jefe, con el papá de los niños, con la casera, la muchacha prefirió evitar un escándalo. Pero el tipo insistió provocando la reacción de... llamémosle Súper, un malandro regenerado que presenciaba todo en silencio, cuyo prontuario jamás incluyó «maltrato a mujeres».

—¿A ti te parió una burra? —fue la amable pregunta con la que entró en escena.

En fin, que Súper y El Malo (porque todo héroe, para existir, necesita de un tipo desquiciado y peligroso como él en la acera contraria, que le sirva de justificación) siguieron discutiendo. En el fondo la muchacha fue un pretexto. En el fondo, el que quiere bronca, o el que piensa que el mundo solo requiere un coñacito aquí y otro allá, siempre encontrará la ocasión. En el fondo, en esos casos «encontrará» se sustituye, crípticamente, por «buscará». En el fondo, en Caracas no se debe estar alzando la voz ni recostando nada ni empujando a nadie si no se está dispuesto a apostarlo todo a un número en la ruleta venezolana.

Nadie sabe quién fue más rápido, si El Malo o Súper, lo que sí es cierto es que, de pronto, ambos se amenazaron, uno con una navaja en la mano y el otro blandiendo una llave inglesa de proporciones respetables. Nadie, en esta ciudad con una estadística tan desalentadora, quiere protagonizar una historia de violencia. Bueno, casi nadie. La gente en Caracas está cansada de la violencia, lo que pasa es que a veces la propicia sin saberlo, a) porque está imbuida en esa cultura, b) porque no puede evitarlo, c) porque no se da cuenta, o d) simplemente porque no sabe que debe desprogramarse de esa búsqueda.

E incluso, e) por todas las anteriores.

Nadie quiso estar cerca del suceso, por lo que todos los

presentes se aglomeraron en los extremos, dejándolos en el centro, solos, como si fuesen a iniciar un baile.

Al fin y al cabo todo baile es un duelo y todo duelo es un baile. De hecho, sonaba una musiquita instrumental medio cadenciosa por los parlantes.

Si se ponen a deliberar qué hacer, un porcentaje significativo de las potenciales víctimas colaterales del hecho iba a opinar que si sonaba la alarma los tipos se podían enfurecer contra los pasajeros, y esa furia podía traer consecuencias inesperadas en un vagón que atravesaba en ese preciso momento el largo túnel que separa Plaza Venezuela de Colegio de Ingenieros. Pero otro importante porcentaje estaría convencido de que «algo» había que hacer antes de cobrar de gratis.

Ambas voces merecían ser escuchadas. Total, desde visiones opuestas, ambas atendían a la necesidad de salvar su pellejo. Esa división, más o menos, se correspondería con las personas más escépticas ante la integridad de las autoridades, en oposición a las que guardan un mínimo de fe en esa institución.

Pero no había tiempo de someterlo a escrutinio, por lo que una mano intrépida, o desesperada que es lo mismo, se coló entre la masa aglomerada en una de las puertas y accionó el botón rojo. Ese nuevo elemento agregó tensión a la escena. Los tipos estaban en pleno proceso de iniciar su danza callejera cuando escucharon la alarma. El Malo lo tomó de peor manera y buscó en torno a él, como teniendo un impulso de dar con el delator; pero Súper lo marcaba fuertemente, por lo que atendió los problemas en el orden de urgencia.

La música de fondo se interrumpió para dar paso a la voz del operador que susurró que se había recibido una señal de alarma y que si la emergencia continuaba: «Oprima nuevamente el botón». En realidad nadie entendió su ininteligible murmullo, pero todo el mundo sabe lo que anuncian en esos casos, así no lo digan.

Se produjo una nueva tensión y una nueva disyuntiva. El porcentaje convencido de que era mala idea provocarlos comenzó a buscar con la mirada al atrevido con intención de neutralizar un nuevo intento. Con más apremio ahora, dado que la mirada de El Malo reforzaba su tesis. Pero en ese momento el tren dio una brusca y larga frenada, cambiando la atención de la gente hacia los duelistas, que estaban en el centro del vagón sin sujetarse de nada.

El súbito frenazo atizó la inminencia del choque. Aprovechando el interés reavivado por el desenlace en el centro de la pista, otro (o el mismo) atrevido volvió a pulsar el botón.

La puesta en escena era, como decían los viejos narradores de peleas de boxeo, no apta para cardíacos. La alarma que se quedó pegada, los pitbull que intensificaban sus movimientos para destrozarse a mordiscos de un momento a otro, el murmullo generalizado del porcentaje que desaprobaba la acción, la voz del operador que aseguraba: «La alarma será atendida en la próxima estación», el calor del vagón, los insultos de los tipos, el tren que no reiniciaba el movimiento, un bebé que lloraba a causa del calor, los nervios que comenzaban a contagiarse como un virus entre los apiñados, los gritos a favor de Súper y en contra de El Malo, la certeza de este último de tener al vagón en contra sin saber en qué medida contaría con la suerte, el calor que asfixiaba, la parada en pleno túnel, la vieja pelea nacional vivachávez-fuerachávez, el tren que no terminaba de arrancar...

Y, como si todo eso no bastara, repentinamente se apagaron las luces del vagón.

La palabra melancolía

A Ariadna y a Rodrigo

Y aun cuando usted se hallara en una cárcel,
cuyas paredes no dejasen trascender hasta sus sentidos ninguno
de los ruidos del mundo, ¿no le quedaría todavía su infancia,
esa riqueza preciosa y regia, ese camarín que guarda
los tesoros del recuerdo?

RAINER MARÍA RILKE

CUANDO EL RUDO DE SU HERMANITO tiró por la ventana a su amigo, la nena reaccionó como cualquiera que ve a alguien entrañable caer al vacío. ¿Es que tener menos de dos años es la licencia perfecta para irrespetar toda regla de juego?

La mamá bajó a rescatar el corazón de la niña, que se había lanzado tras el peluche, pero no encontró ni el rastro. Cuando subió derrotada, la niña aún miraba por el balcón con una mezcla de esperanza y angustia, como espera todo el que presiente que lo hace en vano.

No hubo argumentos que bastaran (por fortuna, mamá tuvo la delicadeza de no salir con el manido «después te compro otro». No se trataba de eso: el amor nunca se trata de eso) para lograr que la nena retrocediera en un milímetro su mezcla de desconcierto con la vida y de profundo odio con el delincuentillo.

Y, como en toda historia de estos tiempos, el rufián andaba por allí, viviendo la ancha y divertida vida, riendo con descaro, e ignorando el dolor y la rabia que no lo perdían de vista.

Borges dijo en una ocasión que no había millones de hormigas, sino millones de seres diferentes que se parecían entre sí, pero que la diferencia era tan sutil que hacía que los viéramos iguales.

La niña, por supuesto, no tenía edad para haber leído a Borges, pero sabía que solo el amor nos permite enfocar la vista con tal nivel de agudeza que nos hace ver lo que una persona (así sea de peluche) tiene de única. Ese lunarcito a un costado del labio, esa manchita diminuta en el ojo izquierdo, esa oreja derecha ligeramente más inclinada que su par…

Terrible palabra: única. Da vértigo imaginar que para cada corazón hay un número determinado de seres infinitamente diferentes del resto del mundo. Decenas, cientos, miles de llaves que tienen su propio cuarto en cada corazón. Cientos de miles de únicos rompiendo la lógica de las matemáticas. Millones de únicos, como el que había caído por el balcón, y que en nada se parecía a una fábrica completa de peluches. La niña se fue al cuarto mientras papá balbuceaba algo así como «debe estar en buenas manos», descubriendo que ante el dolor toda palabra resulta un gesto inútil.

Luego de media hora la mamá decidió entrar a aligerar su soledad. La encontró dibujando mientras se secaba de vez en cuando, casi ignorándolas, las lágrimas que caían como desde una herida que ya casi se cerraba.

—Ah, pero en el dibujo sales sonriendo —dijo la mamá, por encontrar esperanzas.

—Sí, pero eso era porque estaba con él —respondió la nena, seria y lejana, mientras sus ojos dibujaban una precisa definición de la palabra melancolía.

En un cuadrito pequeño

La literatura se instala en el terreno de la colisión y el desastre
ROBERTO BOLAÑO

MIENTRAS ESTÁ TRANSITADA, NO SE LE VE LO TRÁGICO. Después de todo, carros, perros, borrachos* son los mismos en todas partes. Pero el que la conoce pasadas las doce, sabe que en esa avenida hasta los postes se andan con cuidado.

El carro (un taxi ejecutivo) paró de golpe y de él se bajaron dos muchachos con toda la intención de seguir rodando el drama que traían desde quién sabe dónde. Estaban borrachos y alterados, típica y pésima combinación; bueno, uno más que el otro. Comenzaron los amagos de la pelea y de inmediato se baja el taxista. El parecido de los muchachos entre sí es notorio, pero el de ellos con el taxista no deja lugar a dudas: la película tiene visos de drama familiar. Solo que ellos están en bermudas y zapatos de goma y el taxista viene de camisa y corbata. Hasta los rulos y la nariz afilada son los mismos. Un poco más de barriga, un poco menos de asombro, pero ese rastro no precisa de sabuesos.

---

* Sustantivos, sin ninguna duda, ruidosos y apropiados para una crónica de una ciudad sitiada por la contaminación sonora.

Los borrachos habituales que estaban en la esquina, aguzado el entendimiento por las bebidas espirituosas, sacaron sus primeras conclusiones.

—El viejo —dice uno— es el papá de los chamos y trabaja en la línea del aeropuerto.

—Sí, los pasó buscando por la playa y les dio la cola pa' la casa —complementa otro.

—Claro, pero los chamitos cargan encima tremenda nota y a aquel le dio por ponerse monstruo.

—El más chamo, ¿verdad? —asevera su interlocutor, satisfecho de las concurrencias de sus observaciones.

En el techo del taxi hay una bolsa de cuero dentro de la cual se puede presumir que vienen unas tablas de *surf*. El viejo, luego de intentar hacer de réferi y de hacer vanos llamados a la cordura, se harta de la situación y como «tengo que trabajar, nojoda» comienza a desamarrar las tablas del techo del carro y saca los bolsos del maletero y se los tira sobre la acera. Él finge hartarse y ellos fingen hacer las paces y, disculpándose con el papá, vuelven a meter las cosas en el carro.

No han terminado de hacerlo cuando retornan los amagos de golpes, los insultos, los gritos. El viejo se harta, ahora sí en serio, les tira los bolsos en la calle y sin darles chance de nada, se monta en su carro y, luego de un contundente portazo, acelera dejándolos en la acera con sus tablas, sus bolsos, su mala nota y su peo.

Pasaron un poco más de una hora llevando silbidos, gritos y hasta uno que otro botellazo de los ociosos que los observaban desde la acera del frente, donde está la licorería. Botellazo que de seguro buscaba la sangre que ellos no parecían tener intención de hacer aflorar. Un viejo sintió lástima de los muchachos (a los que no les calculó más de veinte años y los comparó con sus bóxers cachorros: mucho tamaño y nervio; poco cerebro y temple) y cruzó la calle para advertirles*, con bíblica sonoridad:

—Yo no sé qué peo tienen ustedes. Solo sé que esta avenida es candela y que si no cogen un taxi rápido y se van de aquí, van a aprender a coñazos que hay cosas que los hermanos no deben hacer nunca. ¿Saben como cuáles?

Los bóxers alternaban miradas al piso, al viejo, al otro, a la calle. El viejo prosiguió, sin esperar respuesta de ellos:

—Como pelear en una calle que no conocen.

Luego, al darles la espalda, susurró algo así como:

—Desobedezcan y estarán invocando a *Até*.

Era tan sensato el consejo que era imposible que entrara en cabezas veinteañeras congestionadas por una escandalosa mezcla de perico, testosterona y alcohol. Era tan inapelable la sentencia, que ellos estaban obligados a desconocerla, como corresponde a toda tragedia que se precie de tal.

El viejo, apenas les dio la espalda, dio por cumplida su misión. Daba igual que cruzara la calle oscura y desapareciera entre montañas de basura o que se elevara desplegando unas extraordinarias alas níveas. Daba igual que se desvaneciera o se montara en un vehículo negro que lo estuviese esperando. Nada, ningún portento místico que presenciaran, les iba a producir el más mínimo asombro; ese destello que los sacudiera y los salvara.

Los bóxers seguirían con los ladridos, las amenazas, los empujones más allá, mucho más allá del momento en que cerraron la licorería y los borrachos se aburrieron de una pelea sin sangre ni genuinos apetitos de aniquilación. Aburrida, como toda pelea que no es por la vida.

---

* No lo sabían, pero escuchaban la voz de un ángel sucio y pendenciero, como suelen ser los ángeles de la calle. Y el que desoye esa voz no amanecerá para jactarse de su imprudente soberbia. El contacto con ángeles callejeros es más común de lo que la gente piensa. El narrador Alfredo Armas Alfonzo, por ejemplo, documentó en sus libros varias de sus apariciones «fortuitas».

En efecto, cerraron la licorería, cerraron todos los negocios de la zona, bajó el tráfico, la gente que aún quedaba en la calle comenzó a apurar el paso, los carros distanciaban sus lerdos gruñidos, los perros trotaban con desconfianza, los últimos borrachos desvariaban tratando de flotar en el anegado lago de sus cerebros intoxicados... Y comenzaron a salir los lateros de sus escondrijos, las ratas de sus alcantarillas y los *Morlocks* de sus refugios.

Y fue entonces, con semejante paisaje de pesadilla nuclear, de lluvia escarlata, que los muchachos se sintieron solos en esa avenida que hasta hace nada (unas dos horas en el tiempo formal) parecía, al menos, viva. Intentaron parar un taxi, pero ¿qué taxista se detendría a las once de la noche frente a dos chamos en bermudas, sucios, con cara de borrachos y de «no ser de por ahí»? Todos los que intentaban detener aceleraban el paso cuando los veían. Y mientras más se desesperaban y mientras con más angustia se les tiraban encima a los carros, más rápido los evadían los taxistas[*].

Más de media hora después, cuando estaba tan vacía la calle como desesperados los muchachos, aparecieron las luces de un carro que se acercaba «muy despacito por la avenida». En su interior, uno, dos, tres, cuatro bichitos con cara de álbum familiar de comisaría de la PTJ (¿Quién repite ese trabalenguas de CICPC, adscrito al *Minpopopajusticia*?) fuman piedra y observan la calle, atentos, en busca de ovejas salidas del corral. Tienen hambre. Y tienen también, en la frente, la marca de Átropos, la inflexible.

---

[*] No se les debe juzgar tan duro: los taxistas no son hermanos dominicos, son tipos que quieren llegar a sus casas y que están muy conscientes de que ese horario tiene de rentable lo que tiene de peligroso.

Como es de noche, los chamos no ven el contenido del empaque, solo ven un amistoso carro que viene a baja velocidad con intención de auxiliarlos.

Todavía hay gente buena. ¡Qué de pinga!

Los lobos ven tan fácil el asunto que hasta recelan. Se detienen entonces tres metros más adelante para asegurarse de que aquello que veían de lejos es lo mismo que encuadra el retrovisor: dos gallitos –con una maletota larga y dos bolsitos finos en los que debe haber algunos objetos valiosos– pidiendo cola* en esa avenida, a esa hora.

Es como para salivar, ¿no?

–Vente, marico, que se pararon –cacarea el gallo mayor.

El otro, después de todo, como siempre, obedece.

Los chacales los ven acercarse y sus papilas salivan. Uno de ellos saca una navaja oxidada; el de adelante, un destornillador de estrías. Otro, que tiene un solo diente en su lugar, un viejo 38 y lo esconde poniéndole la mano encima.

Como corresponde a las leyes del género, los chicos no recordaron en lo absoluto el consejo del ángel/viejo/heraldo enviado por un Dios piadoso para intentar salvarlos de su destino, cuando se abrió una de las puertas del carro.

Lo demás saldrá en un cuadrito pequeño en el diario, al día siguiente. Pequeño, porque el espacio en prensa no da para mucho. Y tampoco será el crimen más vistoso de la crónica policial de esa jornada.

---

* Pedir cola: hacer autoestop, hacer dedo, pedir un aventón, pedir raid, pedir jalón, pedir bote, pedir botella, pedir bola, pedir pon, jalar la goma... Pedir una cola, pues.

¿Cómo se les llama a los que nacen en Chivacoa?

A Laura Rivero y a Militza Vásquez

I never feel sadness
I never feel pain
With my cunning and with my stealth
I don't need a brain
EMIR KUSTURICA

A CARACAS NO SE LA HABITA, se la padece. Para atravesarla de punta a punta del reloj es conveniente sumergirse en cualquiera de las recetas del aturdimiento. La idea, después todo, es padecerla creyendo que se la disfruta. Está, por ejemplo, extraviarse en el *soundtrack* del Ipod a volumen bestial. Está el monte, la pega, el alcohol. Está la temeridad de la ostentación: una Avalanche tan larga como su inseguridad, una BMW poderosa y veloz, una pistolota, una cara de duro dentro de una chaqueta de cuero. O pincharse en las venas las Líneas del Poseso para colmarse de odio. También se puede subir a la acera con todo y carro, tocar corneta con impaciencia, comerse las luces del semáforo o ejercer cualquier modo de irracionalidad que ayude a andar por el filo perpetuo, con el vacío a un costado y la muerte al otro.

O beber de la euforia suicida. Esa que se activa los viernes tras el santo y seña del «¿qué hay pa' esta noche?». La que no conoce peligro, inflación, crisis, ni parece asistir al *streaptease* más demorado que se conozca en los anales de las dictaduras.

En ese placebo andaba Andreína con unos compañeros del banco esa noche. Luego de dar vueltas sin suerte por Las

Mercedes y El Rosal, terminaron encontrando lugar en un local a un costado de la Solano. Mesa para cinco, música bailable y cervezas frías. ¿Quién duda que Dios sí echa un ojo de vez en cuando?

A la tercera ronda ya habían olvidado qué celebraban. A la quinta pidieron una «parrillita». A la séptima concluyeron que la promoción de Ordóñez tenía una sospechosa relación con sus almuerzos con el gerente, y a la octava no notaron que ya solo quedaban unas cuatro mesas ocupadas, aunque sí la repentina presencia de los tres tipos sentados en la mesa al lado del pasillo de los baños, frente a la caja.

No es que estuvieran mal vestidos. No es que tuvieran aspecto de delincuentes. No es que fueran feos («Nooo», sentenciaron las tres chicas al unísono). Era algo indefinible, elástico, elusivo. Algo que inquietaba por alguna razón que ninguno atinaba a precisar.

La novena ronda les llegó de sorpresa. «Los caballeros invitan», dijo el mesonero torciendo los labios en dirección a la mesa que estaba al lado de los baños. Con la del estribo, por cautela, iban a pedir la cuenta, pero con los primeros compases de una pieza de Willie Colón, una mano se extendió frente a Andreína.

Al levantar la vista, acertó en sus temores. En la mesa todos miraron de reojo haciéndose los concentrados en la conversación, pero ella hizo un paneo y dijo con la mirada una especie de «tranquilos, no está pasando nada».

Le dio la mano y caminaron hacia la pista. Moreno, delgado, alto, una descripción que se ajusta a uno de cada cuatro tipos que pueden abordar a una chica en un sitio nocturno. De cerca, Andreína ratificó que, efectivamente: a) el tipo no iba mal vestido, b) el tipo no era feo en lo absoluto, y c) el tipo tenía algo intimidante que no era fácil de definir.

También que bailaba sabroso y que ella tenía tiempo con ganas de hacerlo. Quizá por eso último fue que bailaron como cinco piezas seguidas y, aunque no perdía su aire inquietante, ella se iba acostumbrando, sintiendo que era algo impersonal, como si manara de él sin que se diera cuenta.

Estamos hablando de una chica con diez cervezas encima y muchas ganas de bailar. Estamos hablando de que en Caracas hay que sumergirse en cualquiera de las recetas del aturdimiento. Y de que esa venía en un empaque «amable».

Pero estamos hablando, también, del típico cara o sello. Porque luego de la quinta pieza, ella volvió a su mesa y dijo, suave pero firmemente:

–Vámonos.

Era la hora de la salsa brava. Luego de Willie Colón, vino Sonido Bestial. Después, «¿dónde vas, Chichi?». Ella, heredera de una estirpe de bailarines, no se amedrentó. Los acompañantes de su pareja conversaban en voz baja y distendida, ajenos a ellos, trazando mapas imaginarios con las manos. Los muchachos hablaban entre sí, pero no dejaban de observar a los bailarines de reojo. El tipo se lucía con sus pasos. Ella honraba su herencia.

El tipo, así como bailaba, hablaba. Y de todo. Y sin orden. Le dijo que Larry Harlow no hablaba nada de español, que los maricos que sesean y son peluqueros siempre son hijos únicos, que para que el perico no produzca impotencia hay que consumirlo tomando *whisky*, que él tenía un hijo en Chivacoa y que el carajito le pidió un *Wii* (¿Cómo coño se enteran los muchachos de Chivacoa que existe el *Wii*?), que ese pueblo no ofrece nada a los chamos y es horrible, que solo lo supera Nirgua y eso porque es una guarida de atracadores retirados. Que «vamos a ver si tú sabes, princesa: ¿Cómo se les llama a los que nacen en Chivacoa?».

Andreína descubrió que no era una pregunta retórica, que su compañero de baile (Ernesto, fue el nombre con el que se presentó) esperaba una respuesta. Al verla dudar le dijo con aire decepcionado:

–No debería darte el regalo que te tengo, pero te lo voy a dar de todos modos. ¿Sabes por qué?

–¿Un regalo? No –dijo Andreína, sintiendo que cervezas, baile, situación, la estaban dopando más allá de su dosis diaria de aturdimiento–. ¿Por qué?

–Porque eres burda de panita. Uno saca a bailar a una jeva en un sitio y siempre lo miran a uno de arriba abajo. Pero tú no, tú bailaste con el desconocido. ¿Y te pasó algo malo? No. Lo que te pasó es que el desconocido te va a hacer un regalo. Y te va a hacer el regalo aunque no sepas cómo se le dice a su chamo que nació en Chivacoa.

Hizo una pausa, como buscando el preciso orden de las palabras.

–Tú y tus panas tienen cinco minutos para salir de aquí. Nosotros vinimos a tirar un atraco. Lo que pasa es que me provocó echar un pie mientras esperábamos que llegara el carro. Y tú eres una chama panita y llegó el carro, así que vamos a lo que vinimos. Cinco minutos. ¿Te gusta el regalito?

–Me estás cotorreando –le dijo Andreína con un aplomo que le era ajeno.

–¿Te estoy cotorreando? –repitió el tipo imitando su voz y alzando las cejas con cara grave–. Baja un pelo la mano pa' ve' si te estoy cotorreando.

Andreína deslizó la mano por su espalda, a través de la lisa superficie de la chaqueta, y tropezó con un objeto duro incrustado en la pretina del pantalón. Recogió la mano como si le hubiera pegado corriente.

–Shhhhh, tranquila, que es un regalo, no una verbena.

–Pero ¿por qué van a hacer eso, vale?

–Mira, mamita, aquí la pregunta es: ¿quieres el regalo o no quieres el regalo? Si lo quieres, terminamos esta pieza, pagan su consumo y se me van. Es el regalo que les sale a las jevitas que no miran feo a los tipos que quieren bailar un rato.

Cuando volvió al grupo, la expresión de su cara bastó para que la palabra «vámonos» convenciera a los muchachos de pedir la cuenta y dejar unos billetes sobre la mesa sin hacer preguntas. Entendieron sin entender, en medio de sus propios aturdimientos. Mientras caminaban hacia la salida, el tipo, que les explicaba algo a sus compañeros de mesa, se fue detrás de ellos y, luego de abrirles la puerta, le dijo a un gorila que estaba fumando afuera:

–Estos salen.

–Este sí es galán –dijo el gorila tirando el cigarro al piso y sacando una pistola que hizo un escalofriante sonido metálico cuando fue cargada con vigor.

El galán, dando la espalda a la calle, hizo lo mismo con una pistolota que, en efecto, sacó de debajo de su chaqueta.

–Chivacoense, princesa, mi chamo es chivacoense –le dijo a Andreína cuando ella pasó por su lado, a la vez que echaba una rápida ojeada a la calle silenciosa.

–Plomo, galán –dijo el otro–, que esta noche la película es de acción.

Y empujaron la puerta bruscamente.

Mientras el grupo trataba de convencer a las piernas de aguantar hasta el carro, alcanzaron a oír a través del vidrio, como si saliese de las cornetas de un carro que sigue de largo, los insultos y las órdenes violentas de los atracadores.

—Nadie mira, nadie se pone bruto —escuchó Andreína como en una película en cámara lenta, reconociendo con claridad el timbre de voz de su compañero de baile.

Cuando el demonio lo llame a escena

A Gustavo

LOS TIRANOS SIEMPRE HAN SIDO ambiciosos y narcisos. Los de antes lo proyectaban edificando urbanizaciones obreras de cincuenta bloques de más de cien apartamentos cada uno, por decir alguna ambición bastante conocida.

Durante los primeros años los vecinos podían bajar a la oficina del Banco Obrero y solicitar un servicio de plomería, por ejemplo, el cual era gratuito.

No se crea que el paternalismo es un invento adeco.

Amelia no solo llegó tarde a esas historias, sino que las ha visto alejarse una a una cada uno de los días que ha vivido en el bloque 40 de ese laberinto llamado 23 de Enero. Por haberlos visto o por haberlos oído, se sabe de memoria todos los cuentos. Fue testigo del momento en que comenzaron a apagar los ascensores a las diez de la noche para contrarrestar la ola de violaciones a las vecinas. Ha presenciado las distintas guerras por el control del bloque. Sabe que esa ciudad de casi cincuenta bloques (sin contar los pequeños) y *nosecuántos* barrios es una república independiente a la que no entra la policía. La han despertado en la madrugada los

157

gemidos de hombres grandotes suplicando que no los maten. Y ha escuchado las detonaciones que hicieron caso omiso de esas súplicas. Ha visto cómo se fortalecen en armamento los diversos «colectivos» que apoyan al gobierno, y sabe que ya se vislumbra la Gran Guerra Final entre ellos.

Ha visto las consecuencias del carnaval con balas. También cómo un hombre llamado Alberto llegó a su vida silbando, y se fue asimismo unos años después. Dicen que vive con otra por ahí cerca, y aunque asegura que no le afecta, cuando Albertico, que ya tiene veinte, camina silbando por el pasillo, experimenta una crispación que no puede controlar.

A Amelia no le importan los malandros del bloque ni el fantasma de Alberto ni la política. Le da igual que los vagos de siempre ahora digan que esa es una «comunidad socialista». Como miles de sus vecinos, solo sabe que su día comienza a las cinco de la mañana, que se gana el pan en una empresa en Boleíta y que cuando el Metro la suelta, allá en Agua Salud, a golpe (literalmente) de seis de la tarde, debe tener todavía fuerzas para agarrar la camioneta que la llevará hasta el bloque. Y que Albertico es un muchacho tranquilo, que tiene su novia y su trabajo, y que con un titánico esfuerzo lo ha ido llevando. ¿Adónde?, ni se lo pregunta, con lo molida que queda cada noche cuando pone la cabeza sobre su almohada.

El Bemba también se crió en el bloque. Lo conoce de cuando era Joseíto y tenía unos diez años menos que ella. Lo vio ir a la escuela como hasta cuarto grado y lo vio echarse a perder paso a paso. Siempre fue grande para su edad. Como los tiranos son ambiciosos y narcisos, se ha cincelado su leyenda a costa de sus decenas de cadáveres. Ya se dijo, el Veintitrés es una república independiente. Y ahora socialista. La policía sube (en la mañana, claro) a recoger cadáveres, hacer preguntas para guardar las apariencias e irse con prisa. Hasta el próximo cadáver.

Sabio el demonio, que cuando encumbra a los hombres hasta la casa del Poder les deja abierta la puerta de su caída. Es una casa tan pequeña que solo cabe un inquilino por vez. Como corresponde, tarde o temprano todos abren la puerta, jurando que lo que está al frente no es el abismo (si vieran la larga fila de aspirantes que está detrás, serían sabios y no poderosos).

El instinto de supervivencia es un don que se atrofia si no se usa. Pero los poderosos se ensoberbecen tanto que llegan al escandaloso punto de desdeñarlo. Como todo poderoso, El Bemba lo había mandado de vacaciones hacía tiempo. Confiaba ciegamente en sus compañeras, la Beretta y la Lugen. Nunca le fallaban.

Cuenta la leyenda que cuando prendía esos inmensos tabacos que se metía, y que nunca se supo exactamente de qué eran, nadie debía verlo a los ojos. Los que desoían esa conseja pagaban su insolencia con su muñeco dibujado sobre la acera. Es decir, todo hombre prudente que presenciaba sus ritos, con sus dos pistolas en la pretina del pantalón, cerraba prudentemente su grifo de testosterona.

Nada cuesta bajar la vista unos metros ante la presencia de la muerte.

A la mañana siguiente, se consolaban unos a otros cuando se encontraban en la parada. «¿Lo viste?». «Inmenso el tabaco, ¿no? Tiene amarillo el blanco de los ojos». «Dicen que el muy sucio le pega a la mamá». «Son dos pistolotas… ¿Cuándo coño algún 'cuatriboleao' le va a pegar sus dos tiros a ese gran carajo?».

Y a esa plegaria se sumaba la mamá, aunque a su manera:

—¿Dios, cuándo te lo vas a llevar? —rogaba piadosa.

Solamente el demonio podría ser tan perverso para susurrar en la oreja del poderoso, en cada ocasión: «¿Para qué tienes poder si no es para usarlo?» (que es su forma de decirle: «Mira esa puerta, ¡ábrela!»). En fin, no era tan tarde el día que pasó «la chica». Era una nena de unos dieciséis años y era todo lo bella, sencilla, fresca y apetecible que puede ser una nena de dieciséis años. Como los genuinos asuntos del destino, ni siquiera se podría decir que fue algo personal. Ese grácil volumen en movimiento fue el picaporte que giró El Bemba. No teman, cosas peores ocurren a diario entre callejones y ascensores. Simplemente no reprimió el impulso de sopesar esas deleitables nalgas quinceañeras.

Cuenta la leyenda que la chica llegó a su casa llorando y, sin quitar ni poner una coma, relató a Albertico, su novio, lo que acababa de ocurrir. Mientras una corriente helada recorría su cuerpo, Albertico se retiró a su casa con expresión taciturna y meditó largo rato en silencio frente a una bifurcación imaginaria.

Dicen que eran como las doce cuando se escucharon uno, dos, tres tiros de un revólver, y luego una andanada de armas automáticas, acompañadas de un grito que, de lo desgarrado, asustó a los vecinos más que los plomazos. Cuenta esa leyenda que Albertico caminó derecho y sereno hacia El Bemba haciendo caso omiso de su famosa mirada torva y desenfundó un 38 que alguien le prestó gustoso al enterarse de la empresa que se había impuesto. Dicen que solo con el primer plomazo, que le entró por el hombro, El Bemba entendió lo que estaba ocurriendo, y que murió con una estúpida expresión de perplejidad, viendo al chamo acercarse mientras disparaba. Que Albertico, temblando todavía, lo despojó de las dos pistolas y sintió algo tan portentoso en el cuerpo que si no gritaba a todo pulmón vaciando las cacerinas al aire, hubiese muerto de terror en ese instante.

La alegría de la gente fue efímera. Dicen que el demonio nunca descansa. Ahora susurra en la oreja de El Albertico, que hace tiempo dejó a aquella noviecita:

–¿Para qué tienes poder si no es para usarlo?

Algún muchacho, de esos que sus mamás recogen temprano, tomará obediente el testigo cuando el demonio lo llame a escena.

Miedo

Every man... every man has to go through hell to reach paradise
MAX CADY

DESPUÉS DE TODO, EN CARACAS SE VIVE como en cualquier ciudad del mundo.

Se vive, se crece, se busca, se encuentra como en todas partes. Se pierde, se gana, se enamora y se despecha como en cualquier ciudad del mundo. En Caracas se puede conocer la sorpresa del primer beso, del concierto de despedida, de la primera cama, de la inesperada reconquista, del último amor. Como en cualquier ciudad del mundo. Podría decirse que, como en cualquier ciudad del mundo, en Caracas la gente hasta puede aspirar a ser feliz.

De no ser por el miedo.

Orlandito tenía miedo de ser distinto de los panas con los que bebe cerveza en las tardes, por eso se cuidó de involucrarse apenas lo indispensable en el trabajo que consiguió de mensajero en un instituto de computación. Y por el mismo motivo rechazó los cursos que le ofrecían gratis, con todo el paquete que la dueña llamaba «oportunidades de superación».

Tenía miedo de la vieja, de sus maneras seguras, de su interés hacia él, del marido que miraba con recelo cada vez que iba al negocio... No lo sabía, pero a lo que realmente temía era a que la vieja algún día se aburriera y él se quedara en medio de ningún lado, parecido a nadie, ni a ella ni a sus panas.

Por miedo a que los panas creyeran que él comenzaba a sentirse superior con la nueva chambita no solo rechazó los cursos y las oportunidades, sino que, entre cerveza y cerveza, comenzó a vanagloriarse de su malicia, contando cómo la vieja le dejaba la caja «pagando». No tardó en temer, además, que lo creyeran débil, y para tener cosas que contar, comenzó a consumar pequeñas fechorías.

Es decir, por miedo, pasó de los cuentos a las cuentas.

La vieja le tenía tanto «cariño» que estaba dispuesta a dejarle pasar esas pequeñas fechorías delatadas en el cuadre de caja, pero un día el miedo le atravesó el sueño como el corte limpio de una hojilla y se despertó sudando. Dos, tres noches de pesadillas con Orlandito de protagonista detrás de una capucha, la obligaron a contarle todo a su marido. Sabía que con ello le cerraba la puerta a su empleado, pero se la abría al sueño relajado.

De todos modos, ya el miedo se las arreglaría para obsequiarle nuevas pesadillas.

Orlandito podía convenir que abusó y que estaba justamente botado. Pero los panas no pensaban igual. Sobre todo el cuñado. Y comenzaron a bombardearlo con argumentos «irrefutables» que demostraban lo equivocado que estaba. Los mismos incluían la notoria desventaja en la cual quedaba después de cuidarle tanto el negocio a esa vieja mientras él se quedaba «en el aire».

Entonces, por miedo a lo que pensaran de él, comenzó a escuchar, primero, y a acariciar, después, el plan de su cuñado, una noche mientras bebían. Es decir, lo montaron en la olla y le cocinaron el odio en salsa de anís sin que se diera cuenta.

Una moto, un revólver y un entrompe fueron sus amuletos contra el miedo.

La información de Orlandito y la experiencia del cuñado hicieron una llave que abriría cualquier candado. No había caída, se repetía una y otra vez la noche del jueves, para poder dormir.

El viernes siguiente, luego de haber repasado varias veces el baile, estaban rodando en la moto al encuentro de su conocida víctima. Conocida de hace un tiempo, víctima desde el instante en que la apuntara con el frío y metálico presagio, junto a la precisa instrucción de que bajara el vidrio para que entregara dócilmente el sobre, que el cuñado de Orlandito bautizó como el Paro Forzoso.

Pero el miedo siempre se mete donde no lo han llamado.

Lo esperaban más o menos los riesgos típicos del oficio. Pero para el que no tiene el callo hecho era un campo minado. Era atravesar la frontera de un país en guerra. Intentar un *squeeze play* en el noveno con dos *outs* sin probabilidad de éxito. Caminar por un callejón desconocido en la madrugada. En tiempo real el asunto tiene otro ritmo. Más gente y más carros en la calle de lo que él esperaba. Un par de motos de policías que se les atravesaron camino al sitio. Una repentina certeza de que todo el que tuviese chaqueta o lentes o gorra o bolso era un policía a la espera de que él se resbalara.

El miedo, pues. El miedo en su presentación más elemental.

¿El resultado? Que llegado el momento, titubeó un instante. Uno de esos instantes de más o de menos que han sido los autores materiales de la tragedia o la lotería de tanta gente. ¿Las consecuencias? Que lo que era una coreografía bien estudiada se convirtió en un baile improvisado de estilo libre. ¿El epílogo? Que al ver cómo se le resbalaba un negocito en el que «no había caída» comenzó a repartir miedo en proporciones iguales entre todos los que les tocaba entrar en escena.

La vieja vio corporizadas sus pesadillas (los ovarios le dijeron que el de la capucha era Orlandito porque sí) y, contrario a lo que le pudiese dictar el sentido común, no pudo contener el grito mientras aceleraba el carro y lo clavaba contra un negocio a unos cinco metros.

Todas las ventanas de locales, oficinas y carros circundantes comenzaron a producirle piquiña a Orlandito en la espalda. Eso hizo que siguiera la trayectoria del vehículo con el cañón del revólver y halara el gatillo. El tiro errado fue a rozar el muslo de un hombre que caminaba con su familia por esa acera en ese preciso momento, y al no sopesar la suerte que había tenido (es decir, que entró en la lista de los instantes que regalan fortuna y no tragedia), entró en pánico al ver su pierna sangrando de pronto, por lo que se refugió en un restaurante chino que estaba al lado, en el que una china vieja ordenaba manteles en soledad. La vieja china entendía muy poco español y lo único que quería era que esa rara historia de gritos y piernas ensangrentadas y estruendo en la acera se salieran de su local. Ella no quería problemas. Es decir, no quería desempolvar su miedo a que llegaran autoridades y le pidieran unos documentos de identidad que no existían.

El hombre no podría explicar qué le había pasado. Solo sabía que su mujer y su hija aparentemente estaban a salvo y que un carro se estrelló contra una pared a unos pasos de ellos y que escucharon un disparo que debía guardar relación con su pierna ensangrentada. Por eso la mujer del hombre dejó escapar su miedo y comenzó a insultar a la china, tildándola de insensible. Eso, por supuesto, aterrorizó aún más a la china, por lo que blandió un largo tenedor en contra de sus agresores.

En el negocio de al lado también sintieron miedo cuando escucharon el trueno que hizo temblar las paredes y, en medio del polvo, vieron emerger la trompa de un carro azul, como una ballena metálica del profundo océano. Orlandito y el cuñado aprovecharon la confusión para desaparecer, dejando atrás a cada quien con su miedo. Miedo al ruido, a salir heridos sin saber por qué, a no entender lo que te dicen, a la policía que llegó sospechando de todo el mundo, a que los acusen de algo que no hicieron, a que los confundan con los que sí lo hicieron, a la lotería de todos los días, a llegar tarde o haber llegado demasiado temprano...

Y con tanto miedo revuelto se despierta el de los policías, que es de los más peligrosos, porque se disfraza de otros de aspecto «respetable», pero es más primitivo. Y se sabe que cuando el miedo se apodera de sus cuerpos, su poca sensatez es dada de baja.

Y de inmediato, como un alud, como una tormenta que se anuncia, se repliega y se vuelve a anunciar hasta que al fin estalla, se va expandiendo por toda la ciudad, como una entidad con vida propia, como una versión gigante del viejo Pacman, devorando todo organismo vivo para tomar el control, mutando y cambiando de aspecto para hacerse fuerte. Alimentándose. Como un virus.

Y son los policías alertando por radio, y es la gente que lee en *twitter* acerca de un atraco con heridos en pleno desarrollo, y son las alcabalas en las que caerán todos los motorizados que vengan del trabajo, y son los que las eluden y amenazan a los carros que se les atraviesan, y es la gente que llama a sus seres queridos porque se supone que andan por esa zona... Y es el miedo que sobrevive a costa de transformarse en todas sus caretas conocidas: abuso, arbitrariedad, violencia, indolencia, desconfianza, odio... Y es que el amor es complaciente, pero si con alguien no puede vivir es con el miedo. Y se esconde. Y se rinde la ciudad a la jauría.

Hasta nuevo aviso.

En Caracas se estaría bien, después de todo. De no ser por el miedo.

Su propio santoral

A mi querido pana Edmundo
A Yadira Pérez

Oh, muerte, ven callada, como sueles venir en la saeta...

PARA UNOS POCOS PENSAR EN EL TRÁNSITO por la Tierra es una virtud. Para la gran mayoría, no entender del todo de qué va la vida es un indiscutible consuelo. Una ganga. Caminar desorientados entre el tumulto, como perros recién abandonados, termina siendo el mejor sedante para atravesar esa larga calle que se llama vida.

No era el caso de Marielba.

Fue amamantada con el relato de una épica personal hecha con trozos de recuerdos, exageraciones y superlativos provenientes de la memoria de unos padres viejos. Iba a ser una cesárea electiva y a la mamá (con un embarazo de riesgo a los cuarenta y cinco años) se le adelantó el parto. Un desprendimiento de placenta. Una beba ahogándose en sangre. El clásico «¿la madre o la hija?». La cesárea de rutina convertida en emergencia, con anestesia general incluida. El manido cuento del súbito viaje a un mar de playa azulísima. En otra versión era un cañaveral. En otra, la casa de la remota infancia. Lo inalterable es que en esa plácida soledad, la madre escuchó una voz que la llamaba por su nombre y le ordenaba volver.

–Yo iba a tener una niña –recordó a su regreso–. ¿Y la niña? –preguntó asustada.

–Vas a tener que ponerle Marielba –le dijo la voz que la trajo de vuelta– porque trabajé duro para que tú y ella se quedaran con nosotros. La niña tardó mucho en respirar, así que podemos esperar complicaciones.

Las «complicaciones» se verificaron en una niñez y una adolescencia andadas con el interruptor «de a toque». Con un perenne cable flojo en su circuito. Convulsiones, epilepsia, primidona, fenobarbitol, carbamezapina, primeros auxilios, efectos secundarios, números de emergencia anotados en la lonchera, en una plaquita colgada al cuello, en el bulto, fueron las palabras que desentrañaban (o sujetaban) para ella el misterio de la vida.

Y si para ella no fue fácil, para sus padres viejos la zozobra tenía un dibujo preciso de líneas silueteadas con un bisturí. Veían crecer a su única hija con las mismas demandas de las chicas de su edad: libertad y autonomía. Solo que a la de ellos solía *reseteársele* su registro de operaciones sin previo aviso. Y año tras año cocinaban su angustia con ingredientes llegados a diario de la calle y de los titulares de prensa: libidinosidad a granel, cobardía, descomposición social, violencia sin sentido, misoginia, una cultura de chistes sexistas, silencio cómplice. Y una nena que podía convulsionar lejos de los suyos quedando a expensas de una ciudad que, para sus padres, solo podía ofrecer maldad.

Para Marielba, la lucidez consistía entonces en esperar el día para el que fue preparada toda su vida. Para sus resignados padres viejos, la tragedia era una lotería que rozaba el nombre de su hija en cualquier repique telefónico inesperado, en una pisada inusual frente a la puerta de casa, en una fiesta de la chica, en un carro sospechoso.

En esas brisas frías que se colaban durante los atardeceres de enero.

Era saber que el cheque con el que se paga la felicidad de reunir a los seres queridos a la hora de la cena, se cobraba todos los días con la redoblada angustia de esperarla. Y cada noche la opresión crecía en la medida que Marielba tardaba en llegar. Y cada mañana, al despertar, se preguntaban si contarían con la misma buena suerte del día anterior.

Porque si es una hazaña tener éxito en atravesar ese cotidiano camino de la oficina a la casa, en una ciudad como Caracas, es fácil hacerse una idea del tamaño de la epopeya de los padres de Marielba de llevarla hasta la otra orilla, la de la adultez, luego de verla salir y regresar a casa todos los días de todos esos años.

Y aprendió a crecer dentro de las reglas de su propio juego. Vivir en ese equilibrio de cuidarse de los excesos, pero también del desmedido control de esos excesos para evitar quemar la anémica lámina de su fusible. Aprendió también que la mente es una gran caja atiborrada de sensaciones de todo tipo, y que la llamada realidad es acaso la mayoría estadística en la apreciación de esas sensaciones.

Sabía cuando se encontraba en el umbral de un ataque porque, de pronto y sin aviso, podían acudir a sus sentidos las percepciones más impredecibles. Un intensa franja fucsia atravesar su campo visual. O ver por un momento la calle en blanco y negro. O un súbito olor a café. O el sabor incuestionable de una pizza con anchoas... Y luego el cortocircuito. Y la Nada. Y nacer nuevamente en este mundo recuperando por retazos las coordenadas de su ubicación en él.

Y llegó a los veinticinco años con una vida casi normal. Y terminó por acostumbrarse a vivir y a esperar El Gran Ataque, el que, según sus padres, la dejaría a expensas del mal, en una ciudad cada vez menos noble, más descreída. Más maldita. Y así, tuvo sustos y tuvo ataques menores sin consecuencias. Y tuvo carro y tuvo novio y tuvo mucho sexo enamorado y tuvo un día una noticia que dar a sus padres.

Quiso celebrar esa noticia como una chica caraqueña normal, cenando y tomando con unas amigas, escapada de ese novio sobreprotector con el cual se libró de unos padres sobreprotectores. Al día siguiente desayunarían junto a esos padres para darles la noticia.

Eran cerca de las diez cuando volvía a casa en su carro. Había decidido bajar la presión al control. Había decidido desmontar poco a poco sus mitos fundacionales. Esa noche decidió que se fundiría en el universo de las chicas normales que beben y celebran, se embarazan y sueñan irreverentes con el futuro, a pesar de una ciudad que sabe agredir todos los sentidos, sin demostrar preferencia por ninguno.

Cruzaba la oscura soledad de Los Caobos, la avenida Andrés Bello, Maripérez, buscando la Cota Mil, cuando un intenso olor a naranjas invadió el interior del carro. Estaba tan relajada que tardó un par de segundos en entender. Cuando lo hizo ya no había mucho espacio para las maniobras que creció practicando. Antes de que la bruma colmara su campo visual, alcanzó a ver las luces de una gasolinera solitaria y logró llevar el carro, acelerando y girando sin precauciones, hasta detenerlo frente al surtidor de aire.

Debía venir fuerte, porque la fragancia a naranjas era de una precisión aterradora. Abrió la puerta buscando aire y sintió el frío sordo de la noche. El sitio estaba solo. Ya casi sin ver, reconoció la figura de un hombre que salía de los baños de la gasolinera. Un hombre caminaba hacia ella en esa oscuridad que todo se lo comía.

En las grietas de voluntad con las que su instinto procuraba dar la batalla, quiso disuadirlo advirtiéndole que su papá era ministro… que su novio era policía. Quiso apelar a cualquier estrategia con la que las chicas pretenden mantener el mal a raya con inocentes chantajes, pero apenas pudo dar un paso fuera del carro antes de caer desplomada, mientras escuchaba, a lo lejos, una voz de hombre.

—¿Qué fue, flaca?

Se zambulló de cabeza en el agujero oscuro del apagón sabiendo que fue educada por sus padres toda su vida para esperar ese momento. Que en su religión ella era el cordero de algún dios. Que su sacrificio debía tener algún sentido, oscuro o luminoso.

Despertó.

Había un fuerte olor a gasolina y a aceite de motor. Como siempre en esos casos, no tenía muy clara su identidad ni su ubicación en el planeta. Descubrió que el olor venía de un trapo en que reposaba su cabeza a manera de almohada. Vio un cuarto mal iluminado lleno de cauchos. Recordó dónde estaba cuando escuchó la misma voz de antes del apagón, que le decía:

—Bien fea que te pusiste, flaca.

De inmediato, indignada, se palpó el cuerpo, y descubrió que estaba vestida. Llena de grasa, pero completamente vestida. El odio se convirtió en desconcierto.

—Te traje para acá porque andaban rondando unos tipos raros en un carro.

Enfocó la mirada y vio a un muchacho moreno de unos veintitantos años, con una braga de mecánico en la que no cabía una mancha más. Se permitió entonces soltar las lágrimas que la estaban asfixiando.

—Gracias —fue lo único que pudo decir.

—¿Tú tienes novio? —le preguntó el muchacho adelantando la cabeza con una sonrisa de galán y una falsa ceja arqueada.

—Estoy embarazada —le dijo ella con ternura.

—Vas a tener que ponerle Jacson —le dijo el muchacho— porque te pasa eso en la calle y no lo cuentas.

—¿Y si es hembra? ¿Jacsan? —le preguntó Marielba, sonriendo y sintiendo que cerraba un viejo ciclo.

—¡Nooo, qué va! —dijo el muchacho con cara solemne—. Si es hembra, le pones Micaela, como mi vieja.

.CERO

ESTA EDICIÓN DE
CARACAS MUERDE
SE TERMINÓ DE IMPRIMIR
EN EL MES DE OCTUBRE DE 2014
EN LOS TALLERES
DE EDITORIAL MELVIN.
CARACAS, VENEZUELA.